रेख़्ता के आतिश

हैदर अ'ली 'आतिश'

बुत-ख़ाना तोड़ डालिए मस्जिद को ढाइए
दिल को न तोड़िए ये ख़ुदा का मक़ाम है

रेख़्ता के आतिश

संकलन

फ़रहत एहसास

BOOKS
राजकमल प्रकाशन

BOOKS राजकमल प्रकाशन

रेख़्ता बुक्स
बी-37, सेक्टर - 1, नोएडा
उत्तर प्रदेश - 201301

rekhtabooks@rekha.org
www.rekhtabooks.com
www.rajkamalprakashan.com

रेख़्ता के आतिश

संकलनः फ़रहत एहसास

ISBN : 978-81-948769-4-6

प्रथम संस्करण : 2021
पुनर्मुद्रण : 2021

फ़ॉन्ट : योगेश यूनि
मुद्रक : यश प्रिन्टोग्राफ़िक्स, नोएडा

आवरण एवं पुस्तक सज्जा
नीलिमा प्र आर्यन, रेख़्ता

सहयोग राशि : ₹199

ग़ज़ल के चलते हुए चाक
की रचनात्मक रफ़्तार
के नाम

एक और नया क़दम

'रेख़्ता फ़ाउन्डेशन' का बुनियादी काम, उर्दू शाइ'री के शब्द और अर्थ की ख़ूबसूरती, रंग-रस, संगीत, स्पर्श और ज़ाइक़े को ज़ियादा से ज़ियादा लोगों तक पहुँचाना और उन्हें इसके सम्पर्क में लाना है। इसीलिए 'रेख़्ता' वेबसाइट पर, उर्दू शाइ'री को दुरुस्त पाठ और मे'यारी चयन के साथ देवनागरी और रोमन लिपियों में भी पेश किया गया, ताकि उर्दू लिपि न जानने वाले उर्दू दोस्त भी अपनी महबूब शाइ'री के रचना-संसार में दाख़िल हो सकें।

यही मक़्सद 'रेख़्ता बुक्स' की स्थापना का भी प्रेरणा-स्रोत रहा है, जो बुनियादी तौर पर उर्दू शाइ'री और उसके प्रेमियों के दर्मियान किताब का पुल बनाने का प्रकाशन-प्रॉजेक्ट है। आगे चलकर इसका दायरा बढ़ाते हुए, दीगर विधाओं, ख़ास तौर पर कथा साहित्य, आत्म-कथाओं, यात्रा-वृत्तांतों वग़ैरह को भी इस प्रॉजेक्ट का हिस्सा बनाया जाएगा।

'ग़ज़ल उसने छेड़ी' शीर्षक के तहत, अब तक की अहम उर्दू शाइ'री का एक विस्तृत संकलन देवनागरी लिपि में प्रस्तुत करने के बा'द, 'रेख़्ता हर्फ़-ए-ताज़ा सीरीज़' की सूरत में एक और पेशक़दमी की गई जो उर्दू शाइ'री की मौजूदा नई रचनात्मक संभावनाओं को रूनुमाई का मौक़ा' देने पर केंद्रित है। इसके बा'द कल और आज के स्थापित, महत्वपूर्ण और प्रतिनिधि शाइ'रों के कलाम का इन्तिख़ाब, 'रेख़्ता नुमाइन्दा कलाम सीरीज़' के नाम से, पेश करने का सिलसिला जारी किया गया। इसके तहत अब तक बहुत सी अच्छी और ज़रूरी शाइ'री पेश की जा चुकी है।

अब एक और नई पेशकश। क्लासिकी शाइ'री, जो उर्दू शाई'री का प्राण-स्रोत और रचनात्मक बुनयाद है, देवनागरी लिपि में बहुत कम उपलब्ध है। कुछ 'मीर' और 'ग़ालिब', कुछ 'ज़ौक़' और 'दाग़' और थोड़ा बहुत कुछ और। दूसरी तरफ़, पाठकों की ओर से क्लासिकी शाइ'री की तलब तेज़ी से बढ़ रही है। इस तलब को उसकी मन्ज़िल तक पहुँचाने के लिए, 'रेख़्ता क्लासिकी सीरीज़' के तहत किताबों का एक नया सिलसिला प्रस्तुत है, जिसमें कोशिश होगी कि सारे महत्वपूर्ण क्लासिकी शाइ'रों का पूरा चेहरा और रंग सामने लाया जाए। उम्मीद है इस सीरीज़ को भी आपका प्रेम और क़ुबूलियत हासिल होगी।

संजीव सराफ़

संस्थापक, रेख़्ता फ़ाउन्डेशन

फ़ेह्‌रिस्त

ग़ज़लें

सुन तो सही जहाँ में है तेरा फ़सानः[1] क्या
कहती है तुझको ख़ल्क़-ए-ख़ुदा[2] ग़ाइबानः[3] क्या

1 कहानी 2 लोग / ख़ुदा की रचना 3 छुपा हुआ

क्या क्या उलझता है तिरी ज़ुल्फ़ों[1] के तार से
बख़िया-तलब[2] है सीनः-ए-सद-चाक[3] शानः[4] क्या

1 बालों 2 सिलाई चाहता है 3 छलनी सीना 4 कंधा

ज़ीना सबा[1] का ढूँडती है अपनी मुश्त-ए-ख़ाक[2]
बाम-ए-बुलन्द[3] यार का है आस्तानः[4] क्या

1 अच्छी हवा 2 मुट्ठी भर मिट्टी 3 ऊँची छत वाला 4 चौखट, घर

चारों तरफ़ से सूरत-ए-जानाँ[1] हो जल्वः-गर[2]
दिल साफ़ हो तिरा तो है आईना-ख़ानः क्या

1 मा'शूक़ का चेहरा 2 रौशन होना, दिखाई देना

तब्ल-ओ-अ'लम[1] ही पास है अपने न मुल्क-ओ-माल[2]
हमसे ख़िलाफ़ हो के करेगा ज़मानः क्या

1 नक़्क़ारे और झंडा 2 दौलत और ज़मीन

तिरछी निगह से ताइर-ए-दिल[1] हो चुका शिकार
जब तीर कज[2] पड़े तो उड़ेगा निशानः क्या

1 दिल का परिंदा 2 टेढ़ा

यूँ मुद्दई'[1] हसद[2] से न दे दाद[3] तो न दे
'आतिश' ग़ज़ल ये तूने कही आ'शिक़ानः क्या

1 विरोधी 1 जलन, ईर्ष्या 3 प्रशंसा

❋

आइना सीन:-ए-साहब-नज़राँ[1] है कि जो था
चेहर:-ए-शाहिद-ए-मक़्सूद[2] अ'याँ[3] है कि जो था

1 आँख रखने वालों का सीना 2 उस महबूब का चेहरा जिसकी तलब हो 3 ज़ाहिर

रोज़ करते हैं शब-ए-हिज्र[1] को बेदारी[2] में
अपनी आँखों में सुबुक[3] ख़्वाब-ए-गिराँ[4] है कि जो था

1 विरह की रात 2 जागना 3 हल्का 4 भारी

नाज़-ओ-अन्दाज़[1]-ओ-अदा से तुम्हें शर्म आने लगी
आ'रज़ी हुस्न[2] का आ'लम वो कहाँ है कि जो था

1 अदाएँ 2 अस्थाई सुंदरता

जाँ की तस्कीं[1] के लिए हालत-ए-दिल कहते हैं
बे-यक़ीनी का तिरी हमको गुमाँ[2] है कि जो था

1 सुकून 2 भ्रम, अनुमान

असर-ए-मन्ज़िल-ए-मक़्सूद[1] नहीं दुनिया में
राह में क़ाफ़िल:-ए-रेग-ए-रवाँ[2] है कि जो था

1 मनचाही मन्ज़िल का निशान 2 उड़ती हुई रेत का काफ़िला, मृगतृष्णा

का'ब:-ए-मद्द-ए-नज़र[1] क़िब्ल:-नुमा[2] है ता-हाल
कू-ए-जानाँ[3] की तरफ़ दिल निगराँ[4] है कि जो था

1 नज़र के सामने 2 काबे की तरफ़ 3 प्रेमिका की गली 3 देखना

कोह[1]-ओ-सहरा[2]-ओ-गुलिस्ताँ[3] में फिरा करता है
मुतलाशी[4] वो तिरा आब-ए-रवाँ[5] है कि जो था

1 पहाड़ 2 रेगिस्तान 3 बाग़ 4 तलाश में 5 बहता हुआ पानी

पा-ए-ख़ुम-मस्तों[1] के हू-हक़[2] का जो आ'लम है सो है
सर-ए-मिन्बर वही वाइ'ज़[3] का बयाँ है कि जो था

1 शराबियों के पैर 2 चहल-पहल 3 उपदेशक

दीन-ओ-दुनिया का तलबगार[1] हनूज़[2] 'आतिश' है
ये गदा[3] साइल-ए-नक़्द-ए-दो-जहाँ[4] है कि जो था

1 इच्छुक, माँगने वाला 2 अभी, अभी तक 3 भिखारी 4 दोनों जहान के माल का तलबगार

शब-ए-वस्ल[1] थी चाँदनी का समाँ[2] था
बग़ल में सनम[3] था ख़ुदा मेहरबाँ था

1 मिलन की रात 2 माहौल, हाल 3 मूर्ति / मा'शूक़

वो शब[1] थी कि थी रौशनी जिसमें दिन की
ज़मीं पर से इक नूर[2] ता-आस्माँ[3] था

1 रात 2 रौशनी 3 आस्मान तक

निकाले थे दो चाँद उसने मुक़ाबिल[1]
वो शब[2] सुब्ह-ए-जन्नत का जिस पर गुमाँ[3] था

1 सामने 2 रात 3 भ्रम

मुशाहिद[1] जमाल-ए-परी[2] की थी आँखें
मकान-ए-विसाल[3] इक तिलिस्मी मकाँ[4] था

1 देखने वाला, गवाह 2 परी की ख़ूबसूरती 3 मिलने की जगह 4 जादूई घर

किया था उसे बोसा-बाज़ी[1] ने पैदा
कमर की तरह से जो ग़ाइब[2] दहाँ[3] था

1 चुंबनों 2 अनुपस्थित 3 मुंह

हक़ीक़त[1] दिखाता था इ'श्क़-ए-मजाज़ी[2]
निहाँ[3] जिसको समझे हुए थे अ'याँ[4] था

1 सच्चाई 2 लौकिक प्रेम 3 छुपा हुआ 4 ज़ाहिर

बयाँ ख़्वाब[1] की तर्ह जो कर रहा है
ये क़िस्सा है जब का कि 'आतिश' जवाँ[2] था

1 सपना 2 जवान

हुस्न-ए-परी[1] इक जल्व:-ए-मस्तान:[2] है उसका
हुश्यार[3] वही है कि जो दीवान: है उसका

1 परी की ख़ूबसूरती 2 मस्ती भरी बस एक झलक भर 3 चालाक

गुल[1] आते हैं हस्ती[2] में अ'दम[3] से हमा-तन-गोश[4]
बुलबुल का ये नाला[5] नहीं अफ़्सान:[6] है उसका

1 फूल 2 अस्तित्व 3 अनस्तित्व 4 पूरे जिस्म का कान बन जाना 5 फ़र्याद 6 कहानी

जो चश्म[1] कि हैराँ हुई आईन: है उसकी
जो सीन: कि सद-चाक[2] हुआ शान:[3] है उसका

1 आँख 2 फट गया 3 कंधा

यूसुफ़[1] नहीं जो हाथ लगे चन्द दिरम[2] से
क़ीमत जो दो आ'लम की है बैआ'न:[3] है उसका

1 एक पैग़म्बर जो बहुत सुंदर थे और मिस्र के बाज़ार में बिके थे 2 सिक्के का नाम 3 अग्रिम धन राशि

आवारगी-ए-निक्हत-ए-गुल[1] है ये इशारा
जामे'[2] से वो बाहर है जो दीवान: है उसका

1 फूल की ख़ुशबू का फैलना 2 लिबास

ये हाल हुआ उसके फ़क़ीरों[1] से हुवैदा[2]
आलूद:-ए-दुनिया[3] जो है बेगान:[4] है उसका

1 संत, भिक्षु 2 स्पष्ट 3 भ्रष्ट, दुनियादार 4 अजनबी

शुक्रान:[1]-ए-साक़ी[2]-ए-अज़ल[3] करता है 'आतिश'
लबरेज़[4] मय[5]-ए-शौक़ से पैमान: है उसका

1 ख़ुदा का शुक्र 2 शराब पिलाने वाला, मा'शूक़ 3 हमेशा 4 भरा हुआ

5 इ'श्क़ की शराब

फ़रेब-ए-हुस्न[1] से गब्र[2]-ओ-मुसलमाँ का चलन बिगड़ा
ख़ुदा की याद भूला शैख़ बुत[3] से बरहमन बिगड़ा

1 हुस्न का धोका 2 आग की पूजा करने वाला 3 मूर्ति / मा'शूक़

किसी की जब कोई तक़्लीद[1] करता है मैं रोता हूँ
हँसा गुल की तरह ग़ुन्चा जहाँ उसका दहन[2] बिगड़ा

1 नक़्ल करना 2 मुंह

जहाँ ख़ाली नहीं रहता कभी ईज़ा-दहिन्दों[1] से
हुआ नासूर[2]-ए-नौ[3] पैदा अगर ज़ख़्म-ए-कुहन[4] बिगड़ा

1 दुख: देने वाला 2 एक तरह का ज़ख़्म जो हमेशा रिसता रहता है 3 नया 4 पुराना ज़ख़्म

तवन्गर[1] था बनी थी जब तक उस महबूब-ए-आ'लम से
मैं मुफ़्लिस[2] हो गया जिस रोज़ से वो सीम-तन[3] बिगड़ा

1 मालदार 2 दरिद्र 3 चाँदी जैसे बदन वाला मा'शूक़

लगे मुंह भी चिढ़ाने देते देते गालियाँ साहब
ज़बाँ बिगड़ी तो बिगड़ी थी ख़बर लीजे दहन बिगड़ा

बनावट कैफ़-ए-मय[1] से खुल गई उस शोख़ की 'आतिश'
लगा कर मुंह से पैमाने[2] को वो पैमाँ-शिकन[3] बिगड़ा

1 शराब का नशा 2 शराब का प्याला 3 वादा तोड़ने वाला

कोई इ'श्क़ में मुझसे अफ़्ज़ूँ[1] न निकला
कभी सामने हो के मज्नूँ न निकला

1 बढ़कर

बड़ा शोर सुनते थे पहलू में दिल का
जो चीरा तो इक क़त्र:-ए-ख़ूँ[1] न निकला

1 ख़ून की बूंद

बजा[1] कहते आए हैं हेच[2] उसको शाइ'र
कमर का कोई हमसे मज़्मूँ[3] न निकला

1 ठीक 2 तुच्छ 3 विषय

हुआ कौन सा रोज़-ए-रौशन[1] न काला
कब अफ़्सान:-ए-ज़ुल्फ़-ए-शब-गूँ[2] न निकला

1 रौशनी से भरपूर दिन 2 रात जैसी ज़ुल्फ़ की कहानी

पहुँचता उसे मिस्र:-ए'-ताज़:-ओ-तर
क़द-ए-यार[1] सा सर्व[2]-ए-मौज़ूँ न निकला

1 मा'शूक का शरीर 2 एक ऊँचा पेड़

रहा साल-हा-साल जंगल में 'आतिश'
मिरे सामने बेद-ए-मज्नूँ[1] न निकला

1 एक पेड़ जिसकी टहनियाँ बहुत झुकी और बेढंगी होती हैं

❁

वो नाज़नीं ये नज़ाकत[1] में कुछ यगान:[2] हुआ
जो पहनी फूलों की बध्धी तो दर्द-ए-शान:[3] हुआ

1 कोमलता 2 अनुपम 3 कंधे का दर्द

भरा है शीश:-ए-दिल को नई मोहब्बत से
ख़ुदा का घर था जहाँ वाँ शराब-ख़ान: हुआ

हुआ जो दिन तो हुआ उसको पास-ए-रुस्वाई[1]
जो रात आई तो फिर नींद का बहान: हुआ

1 बदनामी का लिहाज़

न पूछ हाल मिरा चोब-ए-ख़ुश्क-ए-सहरा[1] हूँ
लगा के आग मुझे कारवाँ[2] रवान: हुआ

1 जगल के सूखी लकड़ी 2 काफ़िला

हवा-ए-तुन्द[1] से पत्ता अगर कोई खड़का
समन्द-ए-बाद-ए-बहारी[2] का ता'ज़ियान:[3] हुआ

1 तेज़ हवा 2 बसंती हवा का घोड़ा 3 कोड़ा

ज़बान-ए-यार ख़मोशी ने मेरी खुलवाई
मैं क़ुफ़्ल[1] बन के कलीद-ए-दर-ए-ख़ज़ान:[2] हुआ

1 ताला 2 खज़ाने के दरवाज़े की कुन्जी

हमेशा शाम से हमसाए[1] मर रहे 'आतिश'
हमारा नाल:-ए-दिल[2] गोश[3] को फ़सान: हुआ

1 पड़ोसी 2 दिल की फ़र्याद, 3 कान

❀

तोड़ कर तार-ए-निगह[1] का सिलसिला जाता रहा
ख़ाक[2] डाल आँखों में मेरी क़ाफ़िला जाता रहा
1 निगाह का तार 2 मिट्टी

कौन से दिन हाथ में आया मिरे दामान-ए-यार[1]
कब ज़मीन-ओ-आस्माँ का फ़ास्ला[2] जाता रहा
1 मा'शूक़ का दामन 2 दूरी

ख़ार-ए-सेहरा[1] पर किसी ने तोहमत[2]-ए-दुज़्दी[3] न की
पाँव का मज्नूँ के क्या क्या आब्ला[3] जाता रहा
1 वीराने का काँटा 2 इल्ज़ाम 3 चोरी, चोरी का पेशा 3 छाले

दोस्तों से इस क़दर सदमे[1] उठाए जान पर
दिल से दुश्मन की अदावत[2] का गिला[3] जाता रहा
1 दुख 2 दुश्मनी 3 शिक्वा

जब उठाया पाँव 'आतिश' मिस्ल-ए-आवाज़-ए-जरस[1]
कोसों पीछे छोड़ कर मैं क़ाफ़िला जाता रहा
1 कूच के समय बजने वाला घन्टा, कारवाँ की घंटियाँ

आश्ना[1] गोश[2] से उस गुल[3] के सुख़न[4] है किसका
कुछ ज़बाँ से कहे कोई ये दहन[5] है किसका

1 परिचित 2 कान 3 फूल 4 बात, शाइ'री 5 मुंह

पेशतर[1] हश्र[2] से होती है क़यामत बर्पा[3]
जो चलन चलते हैं ख़ुश-क़द[4] ये चलन है किसका

1 पहले 2 क़यामत 3 घटित होना 4 ख़ूबसूरत उठान वाले

दस्त-ए-क़ुदरत[1] ने बनाया है तुझे ऐ महबूब
ऐसा ढाला हुआ साँचे में बदन है किसका

1 ईश्वर का हाथ

किस तरह तुमसे न माँगें तुम्हीं इन्साफ़ करो
बोस:[1] लेने का सज़ावार[2] दहन है किसका

1 चुंबन 2 लायक़

एक आ'लम को तिरे इ'श्क़ में सकता[1] होगा
साफ़ आईने से शफ़्फ़ाफ़[2] बदन है किसका

1 ठिठक जाना 2 स्वच्छ

हुस्न से दिल तो लगा इ'श्क़ का बीमार तो हो
फिर ये उ'न्नाब-ए-लब[1]-ओ-सेब-ए-ज़क़न[2] है किसका

1 अंगूरी होंठ 2 सेब जैसे गाल, ठोड़ी

ख़ाक में इसको मिलाऊँ इसे बर्बाद करूँ
जान किसकी है मिरी जान ये तन[1] है किसका

1 बदन

यार को तुमसे मोहब्बत नहीं तो ऐ 'आतिश'
ख़त में अल्क़ाब[1] ये फिर मुश्फ़िक़-ए-मन[2] है किसका

1 उपाधि, खिताब, 2 मेरे प्यारे, मुझ पर प्रेम दृष्टि रखने वाले

ग़म नहीं गो ऐ फ़लक[1] रुत्बा है मुझको ख़ार[2] का
आफ़्ताब[3] इक ज़र्द पत्ता[4] है मिरे गुलज़ार[5] का

1 आस्माँ 2 काँटे 3 सूरज 4 पीला पत्ता 5 बग़ीचे का

जोश-ए-गिर्या[1] ने किया है ना-तवाँ[2] इतना मुझे
टूटना मुमकिन नहीं है आँसुओं के तार[3] का

1 बहुत रोना 2 कमज़ोर 3 आँसुओं की लड़ी

सई-ए'-ला-हासिल[1] मुदावा-ए-मरीज़-ए-इ'श्क़[2] है
थामना मुम्किन नहीं गिरती हुई दीवार का

1 बेकार प्रयत्न 2 इ'श्क़ के मरीज़ का इ'लाज

ख़म नदामत[1] से किया मेहराब में का'बे की सर
गर्दन-ए-ज़ाहिद[2] से बोझ उट्ठा न जब ज़ुन्नार[3] का

1 पश्चाताप में झुकना 2 मौलवी की गर्दन 3 जनेऊ, माला

ऐ सनम आ'शिक़ से रूपोशी[1] नहीं लाज़िम[2] तुझे
पर्दः मूसा से नहीं अल्लाह को दीदार[3] का

1 भूमिगत, ग़ायब, मुंह छुपाना 2 ज़रूरी 3 देखना

बू-ए-गुल[1] 'आतिश' कहीं होती है महसूस-ए-नज़र
इफ़्तिरा[2] है रोज़-ए-महशर यार के दीदार[3] का

1 गुल की ख़ुश्बू 2 झूठी बात 3 देखना

गुल[1] से जो सामना तिरे रुख़्सार[2] ने किया
मिज़्गाँ[3] ने वो किया कि जो कुछ ख़ार[4] ने किया

1 फूल 2 चेहरा, गाल 3 पलकें 4 काँटे

हैरत से पा-ब-गिल[1] हुए रौज़न[2] को देख कर
दीवार हमको यार की दीवार ने किया

1 मिट्टी में धँसा 2 खिड़की

आँखों को बन्द करके तसव्वुर[1] में बाग़ के
गुलशन[2] क़फ़स[3] को मुर्ग़[4]-ए-गिरफ़्तार ने किया

1 ध्यान 2 बाग़ 3 पिंजरा 4 क़ैद पंछी

उल्टा उधर नक़ाब तो पर्दे पड़े इधर
आँखों को बन्द जल्वः-ए-दीदार[1] ने किया

1 महबूब को देखने से हुई रौशनी

लज़्ज़त[1] को तर्क[2] कर तो हो दुनिया का रन्ज[3] दूर
परहेज़[4] भी दवा है जो बीमार ने किया

1 मज़ा 2 छोड़ना 3 दुख 4 सावधानी

हल्क़े[1] की नाफ़-ए-यार[2] के ता'रीफ़ क्या करूँ
गोल ऐसा दायरा नहीं परकार ने किया

1 कड़ी, घेरा 2 मा'शूक़ की नाभि

दीवान-ए-हुस्न-ए-यार[1] की 'आतिश' जो सैर की
दीवानः बैत[2]-ए-अब्रू-ए-ख़मदार[3] ने किया

1 दरबार, कविता संग्रह 2 घर, शे'र 3 कमान जैसी भवें

❀

हंगाम-ए-नज़्अ'[1] महव[2] हूँ तेरे ख़याल का
मुश्ताक़[3] हूँ फ़रिश्तः-ए-साहब-जमाल[4] का

1 मौत के वक़्त 2 खोया हुआ 3 चाहने वाला 4 फ़रिश्ते जैसा ख़ूबसूरत

आलूदः[1] बे-गुनाहों के ख़ूँ से है तेग़[2]-ए-चर्ख़[3]
ना-फ़हमों[4] को गुमाँ[5] है शफ़क़[6] में हिलाल[7] का

1 दूषित, सनी हुई 2 तल्वार 3 आस्मान 4 ना-समझों 5 ख़याल 6 शाम और सुब्ह के समय आस्मान की लाली 7 नया चाँद

शाना[1] बनेंगे बा'द-ए-फ़ना[2] अपने उस्तुख़्वाँ[3]
उ'क़्दा[4] खुलेगा गेसुओं[5] के बाल-बाल का

1 कंधा 2 ख़त्म होने के बा'द 3 हड्डियाँ 4 गाँठ, गुत्थी 5 बाल

ऐ दिल क़ज़ा[1] न आए उधर टिकटिकी न बाँध
गोली का सामना है ये नज़्ज़ारः[2] ख़ाल[3] का

1 मौत का वक़्त 2 दृश्य 3 तिल

बोसा[1] दिए से हुस्न में होगी कमी न यार
होता नहीं ज़कात से नुक़्सान माल का

1 चुंबन

रोज़-ए-सियाह[1]-ए-हिज्र[2] में मेरे जले चराग़[3]
परवानों को नसीब हुआ दिन विसाल[4] का

1 काला दिन 2 जुदाई 3 दीपक 4 मिलने का दिन

'आतिश' लहद[1] से उट्ठूँगा कहता ये रोज़-ए-हश्र[2]
मुश्ताक़[3] हूँ मैं यार के हुस्न-ओ-जमाल[4] का

1 क़ब्र 2 प्रलय का दिन 3 चाहने वाला 4 ख़ूबसूरती

रुख़[1]-ओ-ज़ुल्फ़[2] पर जान खोया किया
अँधेरे उजाले में रोया किया

1 चेहरा 2 बाल

हमेशा लिखे वस्फ़-ए-दन्दान-ए-यार[1]
क़लम अपना मोती पिरोया किया

1 मा'शूक़ की दाँतों की सुंदरता

कहूँ क्या हुई उ'म्र क्यों-कर बसर[1]
मैं जागा किया बख़्त[2] सोया किया

1 जिन्दगी गुज़ारना, रहना 2 भाग्य

रही सब्ज़[1] बे-फ़िक्र किश्त[2]-ए-सुख़न[3]
न जोता किया मैं न बोया किया

1 हरा 2 खेती 3 शाइ'री, बातचीत

बरहमन को बातों की हस्रत[1] रही
ख़ुदा ने बुतों[2] को न गोया[3] किया

1 पूरी न होने वाली कामना 2 मूर्तियों 3 बोलने वाला

मज़ा ग़म के खाने का जिसको पड़ा
वो अश्कों[1] से हाथ अपने धोया किया

1 आँसू

ज़नख़्दाँ[1] से 'आतिश' मोहब्बत रही
कुएँ में मुझे दिल डुबोया किया

1 ठोड़ी

मा'दूम[1] दाग़-ए-इ'श्क़[2] का दिल से निशाँ हुआ
अफ़्सोस बे-चराग़[3] हमारा मकाँ हुआ

1 ख़त्म 2 इ'श्क़ की जलन 3 बे-रौशनी

ख़ुश-चश्मों[1] के फ़िराक़[2] में खाए ये पेच-ओ-ताब[3]
शाख़-ए-ग़ज़ाल[4] अपना हर इक उस्तुख़्वाँ[5] हुआ

1 ख़ूबसूरत आँखों वाले 2 जुदाई 3 बेचैनी, बल खाना 4 हिरन का सींग 5 हड्डी

सख़्ती-ए-राह-ए-इ'श्क़[1] से वाक़िफ़[2] हुए न पाँव
जोश-ए-जुनूँ मिरे लिए तख़्त-ए-रवाँ[3] हुआ

1 इ'श्क़ की राह की सख़्ती 2 जानकार, जानने वाला 3 उड़ने वाला तख़्त

पैवन्द-ए-ख़ाक[1] हो गए इक बुत[2] की राह[3] में
पत्थर हमारी क़ब्र का संग-ए-निशाँ[4] हुआ

1 मिट्टी नें मिल जाना 2 मूर्ति, मा'शूक़ 3 रास्ता 4 निशानी बताने वाला पत्थर

तू देखने गया लब-ए-दरिया[1] जो चाँदनी
इस्तादः[2] तुझको देख के आब-ए-रवाँ[3] हुआ

1 दरिया के किनारे 2 खड़ा होना 3 बहता पानी

गर्दिश[1] ने उसकी सुर्मा किए अपने उस्तुख़्वाँ[2]
चक्की हमारे पीसने को आस्माँ हुआ

1 चक्कर, विपत्तियाँ 2 हड्डियाँ

फ़िक्र-ए-बुलन्द[1] ने मिरी ऐसा किया बुलन्द
'आतिश' ज़मीन-ए-शे'र से पस्त[2] आस्माँ हुआ

1 ऊँची सोच 2 नीचा

❁

जब के रुस्वा[1] हुए इन्कार है सच बात में क्या
ऐ सनम[2] लुत्फ़[3] है पर्दे की मुलाक़ात में क्या

1 बदनाम 2 मा'शूक़, मूर्ति 3 मज़ा, आनंद

कोई बुत-ख़ाने[1] को जाता है कोई का'बे को
फिर रहे गब्र[2]-ओ-मुसलमाँ हैं तिरी घात में क्या

1 मंदिर 2 आग की पूजा करने वाला और मुसलमान

एक मुद्दत से हूँ साइल[1] तिरे दरवाज़े पर
बोस:[2] या गाली मिलेगा मुझे ख़ैरात[3] में क्या?

1 भिक्षु 2 चुंबन 3 दान में

ऐसी ऊँची भी तो दीवार नहीं घर की तिरे
रात अँधेरी कोई आवेगी न बरसात में क्या

दो घड़ी की जो मुलाक़ात थी वो भी मौक़ूफ़[1]
ऐसा पड़ता था ख़लल[2] यार के औक़ात[3] में क्या

1 स्थगित होना 2 रुकावट 3 समय का बहुवचन

पढ़ के ख़त और भी मायूस[1] हुए वस्ल[2] से हम
यार ने भेजा सफ़र से हमें सौग़ात में क्या

1 निराशा 2 मिलना

आतिश-ए-मस्त जो मिल जाए तो पूछूँ उससे
तूने कैफ़िय्यत[1] उठाई है ख़राबात[2] में क्या

1 अवस्था, संगत 2 शराबख़ाने

❁

हबाब[1]-आसा मैं दम भरता हूँ तेरी आश्नाई[2] का
निहायत ग़म है इस क़त्रे को दरिया की जुदाई का

1 बुलबुले की तरह 2 जान-पहचान

असीर[1] ऐ दोस्त तेरे आ'शिक़-ओ-मा'शूक़ दोनों हैं
गिरफ़्तार आहनी[2] ज़न्जीर का ये वो तलाई[3] का

1 क़ैद 2 लोहा 3 सुनहरा

नज़र आती हैं हर-सू[1] सूरतें ही सूरतें मुझको
कोई आईन:-ख़ाना[2] कारख़ाना है जुदाई का

1 चारों तरफ़ 2 शीश-महल

भरोसा आह पर हर्गिज़ नहीं ऐ यार आ'शिक़ को
शिकार अब तक कहीं देखा नहीं तीर-ए-हवाई[1] का

1 हवाई तीर

नहीं मिटती है पत्थर की लकीर अहबाब[1] कहते हैं
रहेगा पा-ए-बुत[2] पर नक़्श[3] अपनी जिब्हा-साई[4] का

1 दोस्त 2 मूर्ति / मा'शूक़ के पैर 3 निशान 4 माथा रगड़ना

कफ़-ए-अफ़्सोस[1] मलवाती है तेरी पाक-दामानी
पिन्हा[2] कर शाहिद-ए-इ'स्मत को जामा[3] पारसाई[4] का

1 अफ़सोस से हाथ मलना 2 पहना कर 3 लिबास 4 पवित्रता

नहीं देखा है लेकिन तुझको पहचाना है 'आतिश' ने
बजा[1] है ऐ सनम जो तुझको दावा है ख़ुदाई का

1 ठीक

❁

हुस्न किस रोज़ हमसे साफ़[1] हुआ
गुनह-ए-इ'श्क़[2] कब मुआ'फ़ हुआ

1 नाराजी दूर होना 2 इ'श्क़ का पाप

ले लिया शुक्र कर के साक़ी से
दुर्द[1] उसमें हुआ कि साफ़[2] हुआ

1 शराब की तलछट 2 ख़ालिस शराब, भरा जाम

तेग़-ए-क़ातिल[1] पर अपना ख़ूँ जम कर
मख़्मल-ए-सुर्ख़[2] का ग़िलाफ़[3] हुआ

1 क़ातिल की तल्वार 2 लाल मख़्मल 3 पर्दा

ज़हर परहेज़[1] हो गया मुझको
दर्द दरमाँ[2] से अल-मुज़ा'फ़[3] हुआ

1 बचाव, एहतियात 2 इ'लाज 3 ज़ियादा

ख़ाकसारी[1] की हो चुकी मे'राज[2]
सीन: अपना ज़मीन-ए-साफ़ हुआ

1 विनम्रता, साधारण होना 2 चरम

कमर-ए-यार ने दिखाई आँख
मर्दुम-ए-दीद:[1] ख़ाल-ए-नाफ़[2] हुआ

1 आँख की पुतली 2 नाभी के बीच तिल

रिन्द-मशरब[1] हूँ मुझको क्या होवे
मज़्हबों में जो इख़्तिलाफ़[2] हुआ

1 जिसका धर्म पंथ शराब हो 2 विरोध, विवाह

गिर्द उस कूचे[1] के फिरा 'आतिश'
हाजी से का'बे का तवाफ़[2] हुआ

1 गली 2 फेरा, परिक्रमा

है जब से दस्त-ए-यार[1] में साग़र[2] शराब का
कौड़े[3] का हो गया है कटोरा गुलाब का

1 मा'शूक़ के हाथ 2 प्याला 3 कौड़ी के मोल

दरिया-ए-ख़ूँ[1] किया है तिरी तेग़[2] ने रवाँ[3]
हासिल हुआ है रुत्ब: सरों को हबाब[4] का

1 ख़ून का दरिया 2 तल्वार 3 बहता हुआ 4 बुलबुला

ऐ मौज-ए-बे-लिहाज़[1] समझ कर मिटाइयो
दरिया भी है असीर[2] तिलिस्म-ए-हबाब[3] का

1 लिहाज़ न करने वाली लहर 2 क़ैदी 3 बुलबुले का जादू

बिछवाइए न चाँदनी में बाम[1] पर पलंग
मनहूस[2] है क़िरान[3] मह-ओ-आफ़्ताब[4] का

1 छत 2 अशुभ 3 मिलना 4 चाँद और सूरज

हुस्न-ओ-जमाल से है ज़माने में रौशनी
शब[1] माहताब[2] की है तो रोज़[3] आफ़्ताब[4] का

1 रात 2 चाँद 3 दिन 4 सूरज

मस्जिद से मय-कदे[1] में मुझे नश्श: ले गया
मौज-ए-शराब जाद:[2] थी राह-ए-सवाब[3] का

1 शराब ख़ाना 2 रास्ता 3 पुण्य का मार्ग

पाता हूँ नाफ़[1] का कमर-ए-यार में मक़ाम[2]
चश्मा मगर अदम[3] में है गौहर[3] की आब[4] का

1 नाभी 2 जगह 3 अनस्तित्व, ग़ायब 4 मोती 5 चमक

'आतिश' शब-ए-फ़िराक़[1] में पूछूँगा माह[2] से
ये दाग़ है दिया हुआ किस आफ़्ताब[3] का

1 जुदाई की रात 2 चाँद 3 सूरज

❀

फ़र्त-ए-शौक़[1] उस बुत[2] के कूचे[3] में लगा ले जाएगा
का'बा-ए-मक़्सूद[4] तक मुझको ख़ुदा ले जाएगा

1 मोहब्बत की ज़ियादती 2 महबूब 3 गली 4 वो काबा जिसकी कामना है

काट कर पर भी मुझे सय्याद[1] बे-क़ाबू न छोड़
ना-तवाँ[2] हूँ बाद का झोंका[3] उड़ा ले जाएगा

1 शिकारी 2 कमज़ोर 3 हवा का झोंका

रोते-रोते जान जावेगी फ़िराक़-ए-यार[1] में
अश्क[2] का दरिया मिरा मुर्दा बहा ले जाएगा

1 यार की जुदाई 2 आँसू

दिल मिरा मुट्ठी में रखते हो तुम्हारे हाथ से
छीन कर इक दिन इसे दुज़्द[1]-ए-हिना[2] ले जाएगा

1 चोर 2 मेंहदी

बाग़बाँ[1] गुलशन[2] के दरवाज़े को क्या रखता है बन्द
कौन ग़ुन्चे की कुलह[3] गुल की क़बा[4] ले जाएगा

1 माली 2 बाग़ 3 टोपी 4 लिबास

उस्तुख़्वाँ[1] उज्रत[2] में देंगे हम फ़क़ीर ऐ शाह-ए-हुस्न
अ'र्ज़ी अपने शौक़ की तुझ तक हुमा[3] ले जाएगा

1 हड्डियाँ 2 मेहनताना, पारिश्रमिक 3 एक परिंदा

हुस्न दिखला देगा ऐ बुत[1] तुझमें शान अल्लाह की
तेरे आगे आ'लम[2] अपनी इल्तिजा[3] ले जाएगा

1 मूर्ति 2 दुनिया 3 प्रार्थना

बोसे लेगा दस्त-ए-तेग़-ए-क़ातिल-ए-बेबाक[1] के
'आतिश'-ए-मक़्तूल[2] अपना ख़ूँ-बहा[3] ले जाएगा

1 निडर क़ातिल की तल्वार के हाथ 2 जिसका क़त्ल किया गया हो 3 क़त्ल का हर्जाना

जिगर को दाग़[1] मैं मानिन्द-ए-लाल:[2] क्या करता
लबालब[3] अपने लहू का पियाल: क्या करता

1 दाग़ना 2 सुर्ख़ रंग के फूल की तरह 3 पूरा भरा हुआ

जरीद:[1] मैं रह-ए-पुर-ख़ून-ए-इ'श्क़[2] से गुज़रा
जरस[3] से क़ाफ़िले[4] में बह्स-ए-नाल:[5] क्या करता

1 अकेला 2 इ'श्क़ की ख़ून भरी राह 3 कारवाँ की घंटियाँ 4 कारवाँ 5 रोना

बजा[1] किया उसे तोड़ा जो सर से दरिया के
हबाब[2] ले के ये ख़ाली पियाल: क्या करता

1 ठीक, उचित 2 बुलबुला

न खाया ग़ुस्स: कभी ख़्वानचे[1] से क़िस्मत के
फँसे जो हल्क़[2] में मैं वो निवाल:[3] क्या करता

1 दस्तरख़्वान 2 गला 3 खाने का कौर

न करती अ'क़्ल अगर हफ़्त[1] आस्मान की सैर
कोई ये सात वरक़ का रिसाल:[2] क्या करता

1 सात 2 किताब, मैगज़ीन

किसी ने मोल न पूछा दिल-ए-शिकस्ता[1] का
कोई ख़रीद के टूटा पियाल: क्या करता

1 टूटा हुआ दिल

मह-ए-दो-हफ़्त:[1] भी होता तो लुत्फ़ था 'आतिश'
अकेले पी के शराब-ए-दो-साल:[2] क्या करता

1 चौदहवीं का चाँद 2 दो साल से रखी हुई शराब, पुरानी शराब

❀

का'बः-ओ-दैर[1] में है किसके लिए दिल जाता
यार मिलता है तो पहलू ही में है मिल जाता

1 मंदिर और मस्जिद

ख़िदमत-ए-यार में मैं जब कि हूँ साइल[1] जाता
कुछ न कुछ बोसः-ओ-दुश्नाम[2] से है मिल जाता

1 भिक्षु 2 चुंबन और गाली

पर तो कतरे हैं यक़ीं है कि छुरी भी फेरे
ज़मज़मों[1] से मिरे सय्याद[2] है हिल-हिल जाता

1 चहचहाना 2 क़ैद करने वाला

ज़ख़्म-ए-कारी[1] की तिरी तेग़[2] से अल्लह-री ख़ुशी
रक़्स[3] करता हुआ दुनिया से है बिस्मिल[4] जाता

1 गहरा ज़ख़्म 2 तल्वार 3 नाचना 4 ज़ख़्मी, मरा हुआ

राह भूले हुए हाजी है भटकता नाहक़
का'बतुल्लाह[1] जो जाता तो सू-ए-दिल[2] जाता

1 अल्लाह का का'बा 2 दिल की तरफ़

ऐ सबा[1] तू ही उड़ा कर रुख़-ए-लैला[2] दिखला
दस्त-ए-मज्नूँ[3] नहीं ता-पर्दः-ए-महमिल[4] जाता

1 ठंडी हवा 2 लैला का चेहरा 3 मज्नूँ का हाथ 4 महमिल के पर्दे तक

आमद-ए-यार[1] की कानों से सुनी है जो ख़बर
छुप के पहलू से है आँखों की तरफ़ दिल जाता

1 महबूब के आने की

तेरी जो याद ऐ दिल-ख़्वाह[1] भूला
बिल्लाह[2] भूला वल्लाह[3] भूला

1 मनचाहा महबूब 2 अल्लाह की क़सम 3 अल्लाह की क़सम

फ़ुर्क़त की शब[1] में जाँ-सोज़ दिल[2] ने
उफ़-उफ़ किया जो आह-आह भूला

1 जुदाई की रात 2 जाँ जला देने वाला दिल

कज[1] रख न पा[2] को जा दिल से ग़ाफ़िल[3]
फेर[4] उसने खाया जो राह भूला

1 टेढ़ा 2 पैर 3 बेख़बर 4 धोका

ज़ुन्नार[1] डाला तस्बीह[2] फेंकी
इ'श्क़-ए-सनम में अल्लाह भूला

1 जनेऊ 2 जाप माला

देखे से तेरा रू-ए-मुनव्वर[1]
हम महर[2] भूला हम माह[3] भूला

1 रौशन चेहरा 2 सूरज 3 चाँद

शर्त-ए-वफ़ा की किस बे-वफ़ा से
'आतिश' सा आ'रिफ़ आगाह[1] भूला

1 पहचानने वाला

❁

मुन्तज़िर[1] था वो तो जुस्त-ओ-जू[2] में ये आवार: था
शेफ़्ता[3] तेरा ही था जो साबित-ओ-सय्यार:[4] था

1 इन्तिज़ार में 2 ढूँडने में 3 मुग्ध, आसक्त 4 ग्रह और तारा

है जो हस्रत तो सरापा-चश्म[1] होने की हमें
हासिल इस आईना-ख़ाने में फ़क़त नज़्ज़ार:[2] था

1 सर से पाँव तक आँख बन जाना 2 दृश्य

एक शब[1] तो वस्ल-ए-जानाँ[2] की तवाज़ो'[3] ऐ फ़लक[4]
चार दिन मेहमान तेरे घर में मैं बे-चार: था

1 रात 2 मा'शूक़ का मिलन 3 ख़ातिर, मेहमान नवाज़ी 4 आस्मान

रोज़-ओ-शब[1] के हाल का लिखता था परचा रोज़-ओ-शब
कातिब-ए-आ'माल[2] मेरी ड्योढ़ी का हरकार: था

1 दिन और रात 2 अ'मल का हिसाब लिखने वाला

ये हुआ ज़ाहिर अना[1]-लैला-ए-मज्नूँ से हमें
अपना दीवाना था अपने वास्ते आवार: था

1 मज्नूँ का कहना कि अना लैला यानी मैं स्वयं लैला हूँ

हाल अपना ऐ सनम अपनी जुदाई में न पूछ
सीन:-ओ-सर था हमारा और संग-ए-ख़ार:[1] था

1 काँटादार पत्थर

अह्ल-ए-आ'लम से हमेशा 'आतिश' ईज़ाएँ[1] हुईं
मर्दुम-ए-दुनिया[2] नमक थे मैं दिल-ए-सद-पार:[3] था

1 तकलीफ़ 2 दुनिया के लोग 3 ज़ख़्मी दिल

❁

यार को मैंने मुझे यार ने सोने न दिया
रात भर ताल-ए'-बेदार[1] ने सोने न दिया

1 क़िस्मत का जागना

ख़ाक[1] पर संग-ए-दर-ए-यार[2] ने सोने न दिया
धूप में साय:-ए-दीवार ने सोने न दिया

1 मिट्टी 2 महबूब के दरवाज़े का पत्थर

शाम से वस्ल की शब[1] आँख न झपकी ता-सुब्ह[2]
शादी-ए-दौलत-ए-दीदार[3] ने सोने न दिया

1 रात 2 सुब्ह तक 3 दीदार की दौलत की ख़ुशी

एक शब बुलबुल-ए-बेताब[1] के जागे न नसीब
पहलू-ए-गुल[2] में कभी ख़ार[3] ने सोने न दिया

1 बेचैन 2 फूलों के पहलू में 3 काँटे

रात भर कीं दिल-ए-बेताब ने बातें मुझसे
रन्ज[1]-ओ-मेहनत के गिरफ़्तार ने सोने न दिया

1 दुख

बाग़-ए-आ'लम[1] में रहें ख़्वाब की मुश्ताक़[2] आँखें
गर्मि-ए-आतिश-ए-गुल्ज़ार[3] ने सोने न दिया

1 दुनिया के बाग़ 2 कामना करने वाली 3 बाग़ की आग की गर्मी

सच है ग़म-ख़्वारी[1]-ए-बीमार अ'ज़ाब-ए-जाँ है
ता-दम-ए-मर्ग[2] दिल-ए-ज़ार[3] ने सोने न दिया

1बीनार का दिल बहलाना 2 मरते दम तक 3 दुखी

❁

काम करती रही वो चश्म-ए-फ़ुसूँ-साज़[1] अपना
लब-ए-जाँ-बख़्श[2] दिखाया किए एजाज़[3] अपना

1 जादूई आँख 2 ज़िन्दगी देने वाले होंठ 3 चमत्कार

सर्व[1] गड़ जाएँगे गुल[2] ख़ाक[3] में मिल जावेंगे
पाँव रख्खे तो चमन[4] में वो सर-अफ़राज़[5] अपना

1 बहुत ऊँचा पेड़ 2 फूल 3 मिट्टी 4 बाग़ 5 बुलन्द सर वाला, सम्मानित

न सुनी यार ने इक बात सुख़न-साज़ों[1] की
रह गए खोल के मुंह मुफ़्सिदा पर्दाज़[2] अपना

1 बातें बताने वाले, धोखेबाज़, शाइ'र 2 फ़साद करने वाले

बरहमन खोले ही गा बुतकदे[1] का दरवाज़ा
बन्द रहने का नहीं कार-ए-ख़ुदा-साज़[2] अपना

1 मंदिर 2 ख़ुदा की मर्ज़ी से होने वाला काम

याद आती हैं अदाएँ जो तिरी ऐ महबूब
भूल जाते हैं हसीनान-ए-जहाँ नाज़ अपना

रूठ कर मिलने जो जाता हूँ तो कहता है वो शोख़[1]
कल ख़फ़ा तुम थे, मिज़ाज[2] आज है नासाज़[3] अपना

1 चंचल / मा'शूक़ 2 स्वभाव 3 नाराज़, बिगड़ा हुआ

ख़बर-ए-अव्वल-ओ-आख़िर[1] नहीं मुत्लक़[2] 'आतिश'
न तो अन्जाम है मा'लूम न आग़ाज़[3] अपना

1 पहली और आख़िरी ख़बर 2 बिल्कुल, हर्गिज़ 3 आरंभ

❋

हश्र[1] को भी देखने का उसके अरमाँ[2] रह गया
दिन हुआ पर आफ़्ताब[3] आँखों से पिन्हाँ[3] रह गया

1 मौत के बा'द कर्मों के हिसाब का दिन 2 आरज़ू, चाहत 3 छुपा हुआ 4 सूरज

बस्तियाँ ही बस्तियाँ हैं गुम्बद-ए-अफ़्लाक[1] में
सैकड़ों फ़र्सन्ग[2] मज्नूँ से बयाबाँ रह गया

1 आस्मान की गुम्बद 2 मील

बा'द-ए-मुद्दत[1] साथ उस गुल-रू[2] के जो देखा मुझे
उड़ गए मुर्ग़-ए-चमन[3] ख़ाली गुलिस्ताँ[4] रह गया

1 बहुत दिनों के बा'द 2 फूल सा चेहरा 3 बाग़ के परिन्दे 4 बाग़

चाल है मुझ नातवाँ[1] की मुर्ग़-ए-बिस्मिल[2] की तड़प
हर क़दम पर है यक़ीं याँ रह गया वाँ रह गया

1 कमज़ोर 2 वो परिन्दा जिसके गले पर छुरी फेरी हो

मेरी वह्शत[1] ने चराग़-ए-राह[2] जो समझा उसे
आँख दिखला कर मुझे ग़ोल-ए-बयाबाँ[3] रह गया

1 दीवानगी 2 रास्ते का चराग़ 3 जंगल के झुंड, प्रेत

क्या बयाँ आ'लम[1] ज़वाल-ए-हुस्न[2]-ए-ख़ूबाँ[3] का करूँ
रौशनी जाती रही सर्व-ए-चराग़ाँ[4] रह गया

1 हालत, 2 ढलता हुआ हुस्न 3 सुंदर प्रेमिका 4 चराग़ों से जगमगाता हुआ पेड़

शाम-ए-हिज्राँ[1] सुब्ह भी करके न देखा रोज़-ए-वस्ल[2]
साँप को कुचला पर 'आतिश' गन्ज[3] पिन्हाँ[4] रह गया

1 जुदाई की रात का तिरस्कार 2 मिलने का दिन 3 ख़ज़ाना 4 छुपा हुआ

फ़र्श[1] है ऐ यार ख़ाक[2]-ए-दोस्त-ओ-दुश्मन ज़ेर-ए-पा[3]
हम गिरेबाँ[4] फाड़ेंगे आया जो दामन ज़ेर-ए-पा

1 बिछौना 2 मिट्टी 3 पाँव के नीचे 4 कुर्ते व क़मीज़ का गला

मुन्किर[1]-ए-रोज़-ए-क़यामत[2] हैं बहुत बे-ए'तेक़ाद[3]
ला कभी ऐ सर्व-ओ-क़ामत[4] अपना मदफ़न[5] ज़ेर-ए-पा[6]

1 इन्कार करने वाला 2 प्रलय का दिन 3 बद यक़ीन 4 ऊँचे क़द वाले
5 क़ब्रें 6 पैर के नीचे

उँगलियाँ कानों में देता है दम-ए-रफ़्तार[1] यार
हर क़दम पर आती है आवाज़-ए-शेवन[2] ज़ेर-ए-पा

1 चलते वक़्त 2 रोना-पीटना

बुत-परस्ती[1] हम अगर तेरी तरह करते तो फिर
संग-ए-रह[2] को भी न लाते ऐ बरहमन ज़ेर-ए-पा

1 मूर्ति पूजा 2 रास्ते का पत्थर

सरकशी[1] ज़ेबा[2] है हम दीवानगान-ए-इ'श्क़[3] को
ख़म[4] हुई है सैकड़ों काँटों की गर्दन ज़ेर-ए-पा

1 बग़ावत 2 शोभा, सजावट 3 इ'श्क़ में पागल 4 झुकी हुई

रहगुज़र[1] में दफ़्न करना ऐ अज़ीज़ाँ[2] तुम मुझे
शायद आ जावे किसी के मेरा मदफ़न[3] ज़ेर-ए-पा

1 रास्ता 2 दोस्तों 3 क़ब्र

सुर्ख़-रू[1] याँ तक तो 'आतिश' ख़ाकसारी[2] ने किया
सूरत-ए-नक़्श-ए-क़दम[3] है अपना मदफ़न ज़ेर-ए-पा

1 कामयाब 2 विनम्रता 3 पदचिन्ह की तरह

❀

मिरी आँखों के आगे आएगा क्या जोश में दरिया
हमेशा सूरत-ए-साहिल है याँ आग़ोश[1] में दरिया

1 आलिंगन, गोद

बड़े कमज़र्फ़[1] हैं जो एक साग़र में बहकते हैं
नहीं क़त्रा भी याँ हंगाम-ए-नोशानोश[2] में दरिया

1 उथला, कम समाई वाला 2 शराब पीने के जोश में, ख़ूब पीता

निकाला चाहे ऐ ग़व्वास[1] तो जल्द अब निकाल उसको
ख़ुदा जाने कि क्या फूँके सदफ़[2] के गोश[3] में दरिया

1 ग़ोतःख़ोर 2 सीपी 3 कान

ख़मोशी और गोयाई[1] मिरी इक इक से बेहतर है
सुकूनत[2] में ये क़त्रा है गुहर[3] तो जोश में दरिया

1 बोलना 2 ठहरी हुई हालत 3 मोती

सरक जाए जो रू[1]-ए-चश्म[2]-ए-तर[3] से गोशः दामन[4] का
न देखा हो किसी ने ऐसा अपने होश में दरिया

1 ऊपर से 2 आँख 3 भीगा 4 दामन का किनारा

किया जो ज़ब्त-ए-गिर्या[1] तो किया दरिया को कूज़े[2] में
कभी दिल खोल कर रोया तो आया जोश में दरिया

1 रोने पर क़ाबू पाना 2 मिट्टी का प्याला

अगर मोती न बनते क़त्र-हा-ए-अब्र-ए-नीसाँ[1] से
तो हल्क़ा डालता 'आतिश' सदफ़[2] के गोश[3] में दरिया

1 स्वाति नक्षत्र का बादल 2 सीपी 3 कान

❁

दिल छुट के जाँ से गोर[1] की मन्ज़िल में रह गया
कैसा रफ़ीक़[2] साथ से मुश्किल में रह गया

1 क़ब्र 2 दोस्त

आए भी लोग बैठे भी उठ भी खड़े हुए
मैं जा[1] ही ढूँडता तिरी महफ़िल[2] में रह गया

1 जगह 2 सभा

नाक़िस[1] है दोस्तदारी में, कामिल नहीं है तू
दुश्मन से भी ग़ुबार[2] अगर दिल में रह गया

1 घटिया इन्सान, अधूरा 2 मैल, धूल, गर्द

क़ातिल संभल के तेग़[1] लगा जा-ए-शर्म[2] है
तस्मा[3] लगा जो गर्दन-ए-बिस्मिल[4] में रह गया

1 तल्वार 2 शर्म की जगह 3 जूते का फीता 4 गर्दन जुड़ी रहना, पूरी तरह अलग न होना

मज्नूँ बरहन:[1] करता उसे अपनी तर्ह से
लैला का पर्द: पर्द:-ए-महमिल[2] में रह गया

1 नंगा 2 ऊँट पर बाँधने का हौदा जिसमें स्त्रियाँ बैठती हैं

पार उतरा जो कि ग़र्क़[1] हुआ बह्र-ए-इ'श्क़[2] में
वो दाग़[3] है जो दामन-ए-साहिल में रह गया

1 डूबना 2 इ'श्क़ का समुंदर 3 शर्मिन्दा

'आतिश' को दस्त-ओ-तेग़ से मुम्किन हुआ न ज़ख़्म
बेचारा मर के हस्रत-ए-क़ातिल में रह गया

❁

दिखाया आईन: फ़िक्र ने जब सफ़ा-ए-आब-ए-दुर-ए-सुख़न[1] का
दहन[2] को जौहर[3] खुला जुबाँ का ज़ुबाँ को उक़्दा[4] खुला दहन का

1 कलाम क मोती 2 मुंह 3 ख़ूबी 4 गाँठ

नज़र जो आ जाए बेद-ए-मज्नूँ[1] तो रोऊँ मज्नूँ की याद में ख़ूँ
जो देखूँ तेशा[2] तो सर को फोड़ूँ ख़याल बंध जाए कोहकन[3] का

1 वो पेड़ जिसकी टहनियाँ झुकी हुई और बेढंगी होती है 2 कुदाल 3 पहाड़ काटनेवाला

बरहन:[1] आया था याँ अ'दम[2] से बरहना याँ से चला अ'दम को
न बू-ए-काफ़ूर मैंने सूँघी न दाग़ मुझको लगा कफ़न का

1 नंगा 2 यमलोक, परलोक, शून्य, अस्तित्व हीनता 3 कपूर की ख़ुश्बू

निगाह-ए-अव्वल[1] में चश्म-ए-मय-गूँ[2] ये रंग-ए-महफ़िल करे दिगर-गूँ[3]
वो हाल होवे जो वक़्त-ए-आख़िर[4] शराबख़ोरों की अन्जुमन[5] का

1 पहली नज़र 2 शराबी आँख 3 बदल देना 4 आख़िरी वक़्त में 5 महफ़िल, सभा

ख़राब मिट्टी न हो किसी की कोई न मर्दूद-ए-दोस्ताँ[1] हो
जुदा हुआ शाख़ से जो पत्ता ग़ुबार-ए-ख़ातिर[2] हुआ चमन का

1 दोस्तों से दूर 2 दिल का ग़ुबार

न ये नज़ाकत[1] परी में होगी न हूर में ये नज़ाकत 'आतिश'
जो हार फूलों का उसने पहना तो बोझ उठाया हज़ार मन का

1 कोमलता

❁

अपनी ज़ुबाँ को बुलबुल-ए-अंदोह-गीं[1] जला
या बर्क़-ए-नाल:[2] से क़फ़स-ए-आहिनीं[3] जला
1 दुखित 2 रोने की बिजली 3 लोहे का पिंजड़ा

भड़काया था ये कैसा नसीम-ए-बहार[1] ने
गुल्चीं[2] का हाथ आतिश-ए-गुल[3] से नहीं जला
1 बहार की हवा 2 फूल तोड़ने वाला 3 फूल की आग

तू तो बना के सर्व-ए-चराग़ाँ[1] नज़ार: कर
तेरी बला से मैं अगर ऐ नाज़नीं जला
1 चराग़ों से जगमगाता हुआ पेड़

मेरा जिगर जलाने से क्या हाथ आएगा
उस दर का पर्द: ऐ नफ़स-ए-आतिशीं[1] जला
1 जलती साँस

मैं भी तो देखूँ गर्मी तेरी अश्क[1]-ए-आतिशीं
मश्अ'ल[2] की तरह से तू मिरी आस्तीं[3] जला
1 गर्म आँसू 2 रौशनी 3 बाजू

लैला की ज़ुल्फ़[1] सा है धुआँ कुछ बुलन्द आज
मज्नूँ के नाले[2] से कोई जंगल कहीं जला
1 बाल 2 फ़र्याद, रोना

अंधेर है न होवे अगर दिल में रौशनी
'आतिश' चराग़ कौन से घर में नहीं जला

❁

वहशत-ए-दिल[1] ने किया है वो बयाबाँ पैदा
सैकड़ों कोस नहीं सूरत-ए-इन्साँ पैदा
1 दिल की बेचैनी

दिल के आईने में कर जौहर-ए-पिन्हाँ[1] पैदा
दर-ओ-दीवार से हो सूरत-ए-जानाँ[2] पैदा
1 छिपा हुआ कमाल 2 महबूब की सूरत

ख़ार[1] दामन से उलझते हैं बहार आई है
चाक[2] करने को किया गुल[3] ने गरेबाँ[4] पैदा
1 काँटा 2 फाड़ना 3 फूल 4 कुर्ते व कमीज़ का गला

रूह की तर्ह से दाख़िल हो जो दीवाना है
जिस्म-ए-ख़ाकी समझ उसको जो हो ज़िन्दाँ[1] पैदा
1 जेल

बे-हिजाबों का मगर शहर है इक़्लीम-ए-अ'दम[1]
देखता हूँ जिसे होता है वो उ'र्यां[2] पैदा
1 अनस्तित्व की सल्तनत 2 नंगा

इक गुल ऐसा नहीं होवे न ख़िज़ाँ[1] जिसकी बहार
कौन से वक़्त हुआ था ये गुलिस्ताँ[2] पैदा
1 पतझड़ 2 बाग़

मोजिद[1] इसकी है सियाह-रोज़ी[2] हमारी 'आतिश'
हम न होते तो न होती शब-ए-हिज्राँ[3] पैदा
1 आविष्कारक 2 बदक़िस्मती 3 जुदाई की रात

❃

चमन[1] में शब[2] को जो वो शोख़[3] बे-नक़ाब आया
यक़ीन हो गया शबनम[4] को आफ़्ताब आया

1 बाग़ 2 रात 3 चंचल / मा'शूक़ 4 ओस 5 सूरज

उन अँखड़ियों में अगर नश्श:-ए-शराब[1] आया
सलाम झुक के करूँगा जो फिर हिजाब[2] आया

1 शराब का नशा 2 पर्दा, शर्म

मैं मौज हूँ लब-ए-साहिल[1] हैं आस्मान-ओ-ज़मीं
कभी जो जोश में दरिया-ए-इज़्तिराब[2] आया

1 दरिया का किनारा 2 बेचैनी

ख़याल-ए-सुब्ह में सोया तो आँख फिर न खुली
दिखाने आईन: जब तक न आफ़्ताब आया

किसी की महरम[1]-ए-आब-ए-रवाँ[2] की याद आई
हबाब[3] के जो बराबर कोई हबाब आया

1 अंगिया, चोली 2 बारीक कपड़ा जो झीना होता है 3 बुलबुला

शब-ए-फ़िराक़[1] में मुझको सुलाने आया था
जगाया मैंने जो अफ़्सान:-गो[2] को ख़्वाब आया

1 जुदाई की रात 2 कहानी सुनाने वाला

मोहब्बत-ए-मय[1]-ओ-मा'शूक़ तर्क[2] कर 'आतिश'
सफ़ेद बाल हुए मौसम-ए-ख़िज़ाब[3] आया

1 शराब 2 छोड़ना 3 जिस से बाल काले किए जाते हैं

❀

गुस्ताख़[1] हाथ गर्दन-ए-दिलबर[2] में ख़म[3] हुआ
हद्द-ए-अदब[4] से शौक़ का बाहर क़दम हुआ

1 धृष्ट 2 मा'शूक़ की गर्दन 3 पड़ना 4 शिष्टाचार की सीमा

पैदा की रफ़्त:-रफ़्त:[1] रसाई[2] कमर तलक
गेसू-ए-यार[3] जाद:-ए-राह[4]-ए-अ'दम हुआ

1 धीरे-धीरे 2 पहुँच 3 मा'शूक़ का बाल 4 नश्वरता का रास्ता

याद आया तौफ़-ए-का'ब:[1] में हिन्दोस्ताँ मुझे
कू-ए-बुताँ[2] का साय: लिबास-ए-हरम[3] हुआ

1 का'बे की परिक्रमा 2 मा'शूक़ की गली 3 वो लिबास जो काबे में पहनते हैं

बीड़ा[1] हमारे क़त्ल का क्यों-कर उठाओगे
कस कर कमर बंधी है तो दर्द-ए-शिकम[2] हुआ

1 ज़िम्मेदारी 2 पेट का दर्द

टूटे हैं लाख शीश:-ए-तेज़ाब हर क़दम
काँटों पर आब्लों[1] से हमारे सितम हुआ

1 छाला / फफोला

वारस्त:[1] ख़ातिरी ने किया दाख़िल-ए-बहिश्त[2]
सहरा-ए-बे-तअ'ल्लुक़ी[3] बाग़-ए-इरम[4] हुआ

1 स्वच्छंदता 2 जन्नत में दाख़िल होना 3 तन्हाई का रेगिस्तान 4 जन्नत का बाग़

ना-गुफ़्तनी[1] है हाल-ए-बहार-ओ-ख़िज़ान[2]-ए-बाग़
इक ज़ख़्म है कि ख़ुश्क[3] हुआ और नम[4] हुआ

1 जिसे कहा न जा सके 2 बाग़ में बहार और पतझड़ का हाल 3 सूखना
4 गिला होना

मातम-कदा[1] है अपना इलाही कि बुत-कदा[2]
हर संग-ए-सीनः-कोब[3] तरश कर सनम हुआ

1 शोक की जगह 2 मंदिर 3 छाती पीटने वाला पत्थर

आसार-ए-इ'श्क़[1] आँखों से होने लगे अ'याँ[2]
बेदारी[3] की तरक़्क़ी हुई ख़्वाब[4] कम हुआ

1 इ'श्क़ के निशान 2 ज़ाहिर 3 जागना 4 सपना, सोना, नींद

दुनिया को 'आतिश' एक के ऊपर नहीं क़रार[1]
ये आज कल वो साहिब-ए-तब्ल-ओ-अ'लम[2] हुआ

1 चैन, शांति 2 नक़्क़ारा और झंडा रखने वाला

कूच:-ए-यार[1] में किस रोज़ मैं नालाँ[2] न गया
बुलबुल-ए-मस्त से सौदा-ए-गुलिस्ताँ[3] न गया

1 माशूक की गली 2 फ़र्याद करता हुआ 3 बाग़ की दीवानगी

वाह रे लोहे कभी सान के ऊपर चढ़ने
तेग़-ए-अब्रू[1] न गई ख़न्जर-ए-मिज़्गाँ[2] न गया

1 भौं की तल्वार 2 पलक की छुरी

सुब्ह की शाम नज़ारे में रुख़-ए-रौशन[1] के
रात भर घर से हमारे मह-ए-ताबाँ[2] न गया

1 चमकता चेहरा 2 चमकता चाँद

मुर्ग़-ए-बिस्मिल[1] की तरह रक़्स[2] करेंगे ताऊस[3]
चार दिन और अगर अब्र[4]-ए-गुलिस्ताँ[5] न गया

1 जख़्मी परिन्दा 2 नाचना 3 मोर 4 बादल 5 बाग़

ख़ाक-ए-पा[1] तूने न उस ईसा नफ़स की छिड़की
बाग़बाँ नर्गिस-ए-गुलज़ार का यरक़ाँ[2] न गया

1 पाँव की मिट्टी 2 एक रोग जिसमें सारा शरीर, विशेषत: आँखें पीली पड़ जाती हैं, कमलरोग।

मुझ सा ग़म-दोस्त न होवेगा कोई दुनिया में
कौन सी मज्लिस-ए-मातम[1] में मैं मेहमाँ न गया

1 शोक-सभा

फूटकर आब्लों ने ख़ुश्क[1] ज़बानें तर[2] कीं
तुमसे शर्मिन्दा मैं ऐ ख़ार-ए-मुग़ीलाँ[3] न गया

1 सूखी 2 गीली 3 बबूल का काँटा

आ'शिक़ उस ग़ैरत-ए-बिल्क़ीस का हूँ ऐ 'आतिश'
बाम[1] तक जिसके क़भी मुर्ग़-ए-सुलेमाँ[2] न गया

1 छत 2 सुलेमान का परिन्दा

❁

अब्दाल[1] से हुआ न तो औताद[2] से हुआ
ऐ जज़्ब-ए-दिल जो कुछ तिरी इम्दाद[3] से हुआ

1 सूफ़ी 2 ऊँचे दर्जे के सूफ़ी संत 3 मदद

मोमिन से बेहतर उसको समझते हैं अह्ल-ए-दिल
काफ़िर जो पीर-ए-इ'श्क़[1] के इर्शाद[2] से हुआ

1 इ'श्क़ के बुज़ुर्ग 2 कहने से

तेरे अलिफ़ से क़द ने किया है जिसे फ़क़ीर
मुर्शिद[1] वही है फ़िरक़ा-ए-आज़ाद[2] से हुआ

1 पीर, धर्मगुरू 2 जो फ़क़ीर किसी फ़िरक़े से न हो

रोना भुला दिया मुझे अब्रू[1] के इ'श्क़ में
ख़न्दाँ[2] जो ज़ख़्म तेग़[3] की बेदाद[4] से हुआ

1 भौं 2 हँसना 3 तल्वार 4 अत्याचार

किस किस तरह के नाज़ किए जब ज़ुहूर-ए-इ'श्क़[1]
हुस्न-ओ-जमाल-ए-यार की ईजाद[2] से हुआ

1 इश्क़ का प्रकट होना 2 आविष्कार

ईसा नफ़स से मेरे ये कहियो पयाम-बर[1]
निस्यान[2] का मरज़ है तेरी याद से हुआ

1 संदेश वाहक 2 भूलने की बीमारी

'आतिश' जू[1] बेसुतूँ[2] को बनाया तो क्या किया
शीरीं के दिल में घर तो न फ़र्हाद से हुआ

1 नह्र 2 वो पहाड़ जिसे फ़र्हाद ने काट कर नह्र बनाया था

❋

गुलों[1] ने कपड़े फाड़े हैं क़बा-ए-यार[2] पर क्या क्या
हिना[3] पिस-पिस गई है दस्त-ओ-पा-ए-यार[4] पर क्या क्या

1 फूलों 2 मा'शूक़ का लिबास 3 मेहदी 4 महबूब के हाथ पैर

किए हैं शुक्र के सज्दे जफ़ा-ए-यार[1] पर क्या क्या
रहा है दिल मिरा राज़ी[2] रज़ा-ए-यार[3] पर क्या क्या

1 मा'शूक़ के अत्याचार 2 ख़ुशी 3 महबूब की मर्ज़ी

गले को काट कर अपने शहीदान-ए-मोहब्बत[1] ने
लहू के घूँट घोंटे हैं हिना-ए-यार[2] पर क्या क्या

1 मोहब्बत के शहीद 2 महबूब की मेंहदी

रहा मज्मा'[1] हमेशा आ'शिक़ान-ए-बे-तहम्मुल[2] का
अड़े मुफ़्लिस[3] दर-ए-दौलत-सरा-ए-यार[4] पर क्या क्या

1 सभा 2 बिना संयम और संतोष के प्रेमी 3 ग़रीब 4 महबूब के आलीशान मकान के दरवाज़े पर

किया है ख़ुश-ख़िराम-ए-नाज़[1] का आ'लम जो दिखला कर
मली हैं हमने आँखें पुश्त-ए-पा-ए-यार[2] पर क्या क्या

1 अदा से चलना 2 महबूब के पैर का ऊपरी हिस्सा

किया है इक जहाँ दीवाना उसकी जामा-ज़ेबी[1] ने
गरेबाँ[2] चाक होते हैं क़बा-ए-यार[3] पर क्या क्या

1 शरीर पर कपड़ों का शोभा देना और सजना 2 फटना 3 महबूब के लिबास

नहीं आने का मेरे बा'द शाने[1] का ख़याल 'आतिश'
पड़ेंगे पेच[2] गेसू-ए-रिसा-ए-यार[3] पर क्या क्या

1 कंधा, कंघी 2 बल 3 महबूब की लम्बी ज़ुल्फ़ें

❁

मुआ'फ़ होवेगा जो कुछ कि है क़ुसूर[1] हमारा
गुनाह बख़्शेगा अल्लाह है ग़फ़ूर[2] हमारा

1 ग़लती 2 गुनाहों को मुआ'फ़ करने वाला

तेरे जमाल के नज़्ज़ारे से हुई हैं ये रौशन
ज़बान जो हो कहें आँखें तू है नूर हमारा

अ'दम से शौक़ तुम्हारा कशाँ-कशाँ[1] है ले आया
कहो तो शब[2] यहीं रह जाएँ घर है दूर हमारा

1 कहाँ-कहाँ 2 रात

अँधेरी रात में निकले तो नूर-ए-रोज़[1] हो शब में
चराग-ए-ख़ान:[2] है वो रश्क-ए-शम-ए'-तूर[3] हमारा

1 दिन की रौशनी 2 घर का दिया 3 जिससे तूर की रौशनी को ईर्ष्या हो

शराब-ए-इ'श्क न इक क़त्रा[1] भी टपक के बहेगी
हज़ार शीश:-ए-दिल होवे चूर चूर[2] हमारा

1 बूंद 2 टुकड़-टुकड़े

तुम्हारे तकिए[1] से ये अर्श पर दिमाग़ है अपना
तुम्हारे लुत्फ़-ओ-करम[2] से है ये ग़ुरूर[3] हमारा

1 भरोसा 2 प्रेम और कृपा 3 गर्व, अभिमान

जो साथ चलना है 'आतिश' तो बांधिए कमर अपनी
सफ़र ज़ियारत-ए-का'बा[1] को है ज़रूर हमारा

1 काबे को देखना

मर गए पर न असर हब्ब-ए-शिफ़ा[1] का देखा
दर्द-मन्दों ने तेरे मुंह न दवा का देखा

1 एक दवा, गोली

फिर गईं आँखें हमारी तरफ़-ए-कूचः-ए-यार[1]
जानिब-ए-का'बा जो रुख़[2] क़िब्ला-नुमा[3] का देखा

1 मा'शूक़ की गली 2 चेहरा 3 जो काबे की दिशा दिखाता है

हर सितारे से लड़ी आँख हर इक गुल[1] सूँघा
था तमाशा जो कुछ इस अर्ज़-ओ-समा[2] का देखा

1 फूल 2 जमीन और आस्मान

सैर बुत-ख़ाने[1] की जब तक कि न की थी हमने
कारख़ाना ही न था शान-ए-ख़ुदा[2] का देखा

1 मंदिर 2 ईश्वर महिमा

इल्तिजा[1] करता हूँ अल्लाह से वस्ल-ए-बुत[2] की
हाथ उठाए जो महल[3] मैंने दुआ' का देखा

1 याचना 2 मा'शूक़ का मिलना 3 मौक़ा

कू-ए-क़ातिल[1] का तमाशा उसे दिखला 'आतिश'
गर्म जिसने न हो बाज़ार फ़ना[2] का देखा

1 क़ातिल की गली 2 मौत

❀

क़ाबू में यार इ'श्क़ की तासीर[1] से हुआ
क्या हुस्न-ए-इत्तिफ़ाक़ ये तदबीर[2] से हुआ

1 असर 2 उपाय

शद्दाद[1] को ख़ुदा से न करनी थी हमसरी[2]
दोज़ख़ में घर बहिश्त[3] की ता'मीर से हुआ

1 एक राजा जिसने ख़ुदा की तरह इरम नाम की जन्नत बनवाई थी
2 बराबरी 3 जन्नत

झड़ने लगे जो मुंह से उस आराम-ए-जाँ[1] के फूल
दिल बाग़-बाग़ यार की तक़रीर[2] से हुआ

1 जान को आराम देने वाला 2 बोलने से

ख़ुम-ख़ान:[1]-ए-हुदूस में मस्त-ए-क़दीम[2] हूँ
तिफ़्ली[3] में मुझको नश्श:-ए-मय[4] शीर[5] से हुआ

1 शराबख़ाना 2 पुराना 3 बचपन 4 शराब का नशा 5 दूध

फड़का किया मुरक़्क़:-ए'-आ'लम[1] के हुस्न पर
हर रोज इ'श्क़ इक नई तस्वीर से हुआ

1 दुनिया की रंग बिरंगी तस्वीरें

ऐ पीर-ए-अक़्ल फिर नहीं 'आतिश' तिरा मुरीद[1]
तक़्दीर के ख़िलाफ़ जो तदबीर[2] से हुआ

1 भक्त 2 उपाय

❀

सूफ़ियों को वज्द[1] में लाता है नग़्मा साज़ का
शुब्हा[2] हो जाता है पर्दे से तिरी आवाज़ का

1 बहुत ज़ियादा आनंद, आनंद में झूमना 2 धोका

पड़ गए सूराख़ दिल में गुफ़्तुगू-ए-यार[1] से
बे-किनाये[2] के नहीं इक क़ौल उस तन्नाज़[3] का

1 मा'शूक़ की बात-चीत 2 बिना इशारे के 3 तन्ज़ करने वाला

ज़िन्दा उन आँखों के कुश्ते[1] को न वो लब[2] कर सके
उस फ़ुसूँ[3] पर ज़ोर चल सकता नहीं ए'जाज़[4] का

1 मारे हुए 2 होंठ 3 जादू 4 चमत्कार

मुंह से बे-दिल के इशारे के निकलता कुछ नहीं
मिस्ल-ए-नौ[1] मुहताज[2] है अपना दहन[3] दम-साज़[4] का

1 बाँसुरी की तरह 2 ज़रूरतमंद 3 मुंह 4 फूँक मारने वाला

खींच देता है शबीह-ए-शे'र[1] का ख़ाका[2] ख़याल
फ़िक्र-ए-रंगीं[3] काम उस पर करती है पर्वाज़[4] का

1 शे'र की नक़्ल 2 तस्वीर 3 रंगीन सोच 4 उड़ान

बन्दिश-ए-अल्फ़ाज़[1] जड़ने से नगों के कम नहीं
शाइ'री भी काम है 'आतिश' मुरस्सा-साज़[2] का

1 शब्दों का बाँधना 2 ज़ेवरात बनाने वाला

गोश ज़द[1] जिसके तुम्हारी चश्म[2] का अफ़्सान:[3] था
आहू-ए-मस्त[4] उसकी आँखों में सग[5]-ए-दिवान: था

1 सुना हुआ 2 आँख 3 कहानी 4 मस्त हिरन 5 पागल कुत्ता

ख़्वाब[1] में मुझको ख़्याल-ए-नर्गिस-ए-मस्तान:[2] था
आँख खोली तो लबालब[3] उ'म्र का पैमान:[4] था

1 सपना 2 मस्त नर्गिस (फूल) / मा'शूक़ 3 भरा हुआ 4 जाम

हुस्न-ए-आलमगीर[1] छुप सकता छुपाए से नहीं
पर्दे में तू कूच:-ओ-बाज़ार[2] में अफ़्सान: था

1 दुनिया को जीतने वाला हुस्न 2 गली और बाज़ार

पर्द: हाए गोश[1] तक सुनने को आ जाती है जाँ
किस क़दर दिलचस्प हुस्न-ए-यार का अफ़्सान: था

1 कान के पर्दे

मुस्हफ़-ए-रू-ए-हक़ीक़त[1] की तिलावत[2] से खुला
इ'श्क़-ए-मा'शूक़-ए-मजाज़ी[3] अब्जद-ए-तिफ़्लाना[4] था

1 हक़ीक़त के चेहरे की किताब 2 किसी धर्मग्रंथ को पढ़ना, क़ुरआन पढ़ना 3 लौकिक महबूब का इ'श्क़ 4 बचपन का सबक़

वाह रे नैरंग-साज़ी-ए-तिलस्म-ए-ज़िन्दगी[1]
मह्व-ए-बुत[2] आँखें थीं दिल अल्लाह का दीवाना था

1 ज़िन्दगी के जादू की रंगा रंगी 2 बुत में खोई हुई

हुस्न दे कर आ'शिक़-ए-शैदा दिए अल्लाह ने
उन बुतों को लाज़िम 'आतिश' सज्दा-ए-शुक्राना[1] था

1 धन्यवाद के लिए सर झुकाना

तिरी ज़ुल्फ़ों[1] ने बल खाया तो होता
ज़रा सुम्बुल[2] को लहराया तो होता

1 बालों 2 एक ख़ुश्बूदार घास

बजा लाते[1] उसे आँखों से ऐ दोस्त
कभी कुछ हमसे फ़र्माया[2] तो होता

1 पूरा कर लाने 2 कहना

तिरी सूरत से हँसना था न लाज़िम[1]
गुलों[2] ने मुंह को बनवाया तो होता

1 जरूरी 2 फूलों

अकड़ना भूल जाते सर्व-ओ-शम्शाद[1]
ये क़द बूटा-सा दिखलाया तो होता

1 पेड़ो के नाम जो एक दम सीधे तने हुए होते हैं

कहे जाते वो सुनते या न सुनते
ज़बाँ तक हाल-ए-दिल आया तो होता

समझता या न ऐ 'आतिश' समझता
दिल-ए-मुज़्तर[1] को समझाया तो होता

1 बेचैन दिल,

❁

काम रहने का नहीं बन्द अपना
बन्दापर्वर[1] है ख़ुदावन्द अपना

1 बन्दों को नवाज़ने वाला

देखिए कसते[1] हैं कब तक वो हमें
इम्तिहाँ होता है ता-चन्द[2] अपना

1 जाँचना 2 कहाँ तक

सर को सौदा है किसी काकुल का
दिल है जन्जीर का पाबन्द अपना

शजर-ए-क़ुद्स[1] हैं हम आ'लम में
इस चमन[2] में नहीं पैवन्द[3] अपना

1 जन्नत के पेड़ 2 बाग़ 3 फटे हुए कपड़े पर लगाई जानेवाली चकती

नासिहा[1] चुप न बस अब बक-बक कर
सर फिराती है तिरी पन्द[2] अपना

1 उपदेशक 2 बात

दूर भागेंगे न हम आप की तर्ह
पास तुमको न हो हर-चन्द अपना

दौलत-ए-फ़क़्र[1] से रखता है ग़नी[2]
हमको 'आतिश' दिल-ए-ख़ुरसन्द[3] अपना

1 फ़क़ीरी की दौलत 2 मालदार 3 ख़ुश दिल

❁

लिखता हूँ वस्फ़ उन मिज़्रा-हा-ए-दराज़[1] का
लेता क़लम से काम हूँ मैं नेज:-बाज़[2] का

1 लम्बी पलकें 2 बर्छा चलाने वाला

साक़ी[1] समाऐं उसमें हज़ारों ख़ुम-ए-शराब
कश्ती-ए-मय[2] को ज़र्फ़[3] ख़ुदा दे जहाज़ का

1 शराब पिलाने वाला 2 शराब की सुराहियाँ 3 पात्रता

साहिल[1] समझते हैं तह-ए-दरिया-ए-इ'श्क़[2] को
तूफ़ान नाख़ुदा[3] है हमारे जहाज़ का

1 किनारा 2 इ'श्क़ की दरिया की तह 3 नाविक

उ'म्र-ए-ख़िज़र[1] से उसकी ज़ियादा हो ज़िन्दगी
धोवन[2] पिए जो यार की ज़ुल्फ़-ए-दराज़[3] का

1 एक नबी जिनकी बड़ी उ'म्र हुई 2 धुलने का पानी 3 लंबे बाल

बीमार-ए-इ'श्क़ के लिए मुम्किन नहीं शिफ़ा[1]
पर्हेज़ से मुक़ाम है ये एहतिराज़[2] का

1 सेहतयाब होना 2 बचने

'आतिश' जगह न दिल में हवा-ओ-हवस को हो
कम ज़हर से असर नहीं उस शह्द-ए-आज़[1] का

1 लालच का मीठा शह्द

किसी को मुल्क दिया है किसी को माल दिया
फ़क़ीर हूँ मुझे अल्लाह ने है हाल[1] दिया

1 वर्तमान, आनंद में झूमना

फ़रेब-ए-हुस्न[1] ने सिखलाई उनको सय्यादी[2]
शिकार खेलने को गेसूओं[3] का जाल दिया

1 हुस्न का धोका 2 शिकार करना 3 बालों

दिखा के हुस्न-ए-ज़नख़्दान[1]-ए-यार का आ'लम
हमारी आँखों ने दिल को कुएँ में डाल दिया

1 ठोड़ी की सुंदरता

मुरीद करके मुझे पीर-ए-इ'श्क़ ने अपना
मुशाहिदे[1] को इक आईन:-ए-जमाल[2] दिया

1 अवलोकन 2 हुस्न का आईना

बहुत मिरे दिल-ए-सद-चाक[1] से उलझती थी
तुम्हारी ज़ुल्फ़[2] का शाने[3] ने बल निकाल दिया

1 फटे हुए दिल 2 बाल 3 कंधा, कंघा

शब-ए-विसाल[1] में उस चेहर:-ए-मुनव्वर[2] से
हटा के ज़ुल्फ़ को 'आतिश' बला को टाल दिया

1 मिलने की रात 2 चमकता चेहरा

जा कर क़फ़स[1] में आ'शिक़-ए-सय्याद[2] हो गया
बुलबुल का हाल क़ाबिल-ए-फ़र्याद[3] हो गया
1 पिंजरा, क़ैदख़ाना 2 शिकारी का आ'शिक़ 3 रोने के लायक़

हाफ़िज़[1] रुख़-ए-किताबी-ए-महबूब[2] के हैं हम
ये अहसनुल-क़सस[3] है हमें याद हो गया
1 जुबानी याद करने वाले 2 महबूब का किताबी चेहरा 3 बेहतरीन कहानी

अल्लाह के सिवा न किसी ने कभी सुना
नाला[1] मिरा ग़रीब की फ़र्याद[2] हो गया
1 फ़र्याद, रोना, फ़र्याद, रुदनअ 2 रोना

ज़ुल्फ़ों को रख के माय:-ए-सौदा[1] हुआ वो शोख़[2]
दो पर लगा के यार परीज़ाद[3] हो गया
1 दीवानगी का सरमाया 2 चंचल / मा'शूक़ 3 परी

साये की तर्ह से मिरे फिरता है साथ-साथ
इ'श्क़ उस परी-जमाल[1] का हम-ज़ाद[2] हो गया
1 परी की तरह हसीन 2 साथी

ख़ुर्शीद[1] से ज़ियादा हुई उसमें रौशनी
जो ज़र्रा[2] तेरी राह में बर्बाद हो गया
1 सूरज 2 कण

बोसों[1] के बदले मिलती हैं 'आतिश' को गालियाँ
शायान-ए-लुत्फ़[2] मूरिद-ए-बेदाद[3] हो गया
1 चुंबनों 2 कृपा के क़ाबिल 3 सितम के लायक़

❁

सामने जो पड़ गया दीवान:-ए-बेबाक[1] था
फाड़ कर आँखें जिसे देखा गरेबाँ चाक[2] था

1 निडर 2 फटा हुआ दामन

आ'लम-ए-ईजाद[1] भी तुर्फ़ा[2] तिलिस्म-ए-ख़ाक[3] था
कास:-गर[4] मिट्टी था मिट्टी कास:[5] मिट्टी चाक[6] था

1 आविष्कार की दुनिया 2 निराला 3 मिट्टी का जादू 4 कासा बनाने वाला 5 भिक्षा-पात्र 6 कुम्हार का चाक

यूँ तो तेरे तीर के नख़्चीर[1] थे सब ख़ुश-नसीब
वो बुलन्द-इक़बाल[2] था जो बस्ता-ए-फ़ितराक[3] था

1 शिकार 2 बहुत बुलन्द क़िस्मत वाला 3 वो डोरी जो घोड़े की ज़ीन में दोनों ओर शिकार या दूसरी चीज़ बाँधने के लिए लगाते हैं।

पार उतरा साफ़ बह्र-ए-बे-किनार-ए-इ'श्क़ से
रोते-रोते मर गया जो हिज्र[1] में तैराक[2] था

1 जुदाई 2 तैरने वाला

चश्म-ए-ना-महरम[1] को बर्क़[2]-ए-हुस्न कर देती थी बन्द
दामन-ए-इ'स्मत[3] तेरा आलूदगी[4] से पाक था

1 अजनबी की आँखें 2 बिजली 3 पाक दामन 4 गन्दगी

रात भर था चश्मा-ए-ग़ौल[1] आखों में अपनी हर चराग़
शह्र भी बे-यार[2] इक सहरा-ए-वहशतनाक[3] था

1 भूत-प्रेत की आँखें 2 बिना यार के 3 डरौना रेगिस्तान

कर गई जब रूह मर्जा'[1] की तरफ़ अपने रुजू'[2]
ख़ाक में वो मिल गया जो जिस्म 'आतिश' ख़ाक था

1 लौटने की जगह 2 लौटना

साक़ी[1] शराब से रहे क़स्र-ए-फ़लक[2] भरा
शीशे की तरह मय[3] से शिकम[4] हल्क़[5] तक भरा

1 शराब पिलाने वाला 2 आस्मान का महल 3 शराब 4 पेट 5 गले

सोहबत-बरार[1] होने की सूरत नहीं कोई
मैं बद-गुमाँ[2] हूँ और मिरा यार शक भरा

1 मिलन के होने की 2 शक्की

हुस्न-ए-मलीह[1] पर न करो इस क़दर घमन्ड
कान-ए-नमक[2] में लाखों ही मन है नमक भरा

1 गेहुँआ सौंदर्य, साँवला 2 नमक की कान

रो-रो के मैंने दिल नहीं ख़ाली किया हुनूज़[1]
पानी अभी समा[2] से कहाँ ता समक[3] भरा

1 अभी, अभी तक 2 आस्मान 3 वो मछली जिसकी पीठ पर पृथ्वी स्थिर है

आई बहार रख दे मेरे आगे साक़िया
लबरेज़[1]-ए-बाद: जाम पियाला गज़क[3] भरा

1 भरा हुआ 2 मदिरा 3 शराब के साथ खाने की चीज

रात इन्तिज़ार-ए-यार में झपकीं जो नीन्द से
आँखों को अपनी चीर के मैंने नमक भरा

'आतिश' हमेशा सैर[1] हो इख़्वान-ए-हुस्न[2] से
नीयत को रक्खे बोस:-ए-लब[3] की चशक[4] भरा

1 जी भर के हासिल होना 2 हुस्न वाली से 3 होंठ का चुंबन 3 मिठास

❁

रू-ए-रंगीं[1] सा हो गुल[2] जिसमें, शजर[3] कोई न था
बाग़ में सेब-ए-ज़नख़्दाँ[4] सा समर[5] कोई न था

1 यार के रंगीं चेहरे जैसा 2 फूल 3 पेड़ 4 ठोड़ी 5 फल

ख़ूबसूरत यूँ तो बहुतेरे थे लेकिन यार सा
नाज़नीं, नाज़ुक-बदन, नाज़ुक-कमर कोई न था

रह गई दिल ही में अपने हस्रत-ए-इज़्हार-ए-शौक़[1]
लिख के ख़त जब हमने ढूँडा नामा-बर[2] कोई न था

1 इ'श्क़ के इज़्हार की हस्रत 2 ख़त ले जाने वाला

दोस्त, दुश्मन, यार रखता ख़ातिर अपनी क्या अ'ज़ीज़
ऐ'ब-ए-उल्फ़त[1] के सिवा हम में हुनर कोई न था

1 नोहब्बत की बुराई

रखती थी ज़ुल्फ़-ए-रसा-ए-यार हर इक मू-दराज़[1]
कौन से क़िस्से को कहता मुख़्तसर[2] कोई न था

1 लम्बे बाल 2 संक्षिप्त, छोटा सा

मा'रके[1] में इ'श्क़ के सर हाथ पर रख्खी हुए
वापसीं-दम[2] तक तो मुझसे पेश्तर[3] कोई न था

1 लड़ाई, जंग 2 आख़िरी साँस 3 पहले, आगे

यार आ निकला तो था सूरत दिखाता मैं किसे
झुटपटे[1] का वक़्त था शम्स-ओ-क़मर[2] कोई न था

1 शाम 2 सूरज और चाँद

ले चले हस्ती से दाग़-ए-इ'श्क़ 'आतिश' शुक्र है
मन्ज़िल-ए-मुल्क-ए-अ'दम[1] का हम-सफ़र कोई न था

1 परलोक की मन्ज़िल

❁

अ'ज़ीज़[1] रूह के दम तक[2] है कालबुद[3] गिल[4] का
ख़राब-हाल है बेमग़ज़[5] जब हुआ छिलका

1 मेरे प्यारे 2 रूह के होने तक 3 जिस्म 4 मिट्टी 5 मूर्ख

बहार आई है दीवाने वज्द[1] करते हैं
सुरूर[2] की है सदा[3] ग़ुलग़ुला सलासिल[4] का

1 झूमना 2 नशा, ख़ुशी 3 आवाज़ 4 ज़न्जीरों का हंगामा

फ़िराक़-ए-यार[1] में मुम्किन नहीं तहम्मुल-ओ-सब्र[2]
न हो सकेगा ये हमसे है काम मुश्किल का

1 यार की जुदाई 2 गंभीरता और धैर्य

गई है रूह बदन में से वज्द[1] करती हुई
अ'जीब हाल हुआ है तुम्हारे बिस्मिल[2] का

1 मस्ती में नाचना 2 ज़ख़्मी

नज़ार:-ए-रुख़-ए-लैला[1] करो मियाँ मज्नूँ
बिठा के नाक़े[2] को पर्दा उठाओ महमिल[3] का

1 लैला के चेहरे का नज़ारा 2 ऊँटनी 3 ऊँट पर बाँधने का कजावा, हौदा

ख़ुदा से माँग जो कुछ माँगता है ऐ 'आतिश'
करीम[1] रद नहीं करता सवाल साइल[2] का

1 करम करने वाला 2 माँगने वाला

❁

ऐ जुनूँ ख़ार[1] हों सहरा[2] की हवा से पैदा
आब्ले[3] होते हैं अपने कफ़-ए-पा[4] से पैदा

1 काँटे 2 वीराना, रेगिस्तान 3 छाले 4 पैर के तलवे

न तो भूके हुए थे हम न तो प्यासे पैदा
हो गए रोग ये दुनिया की हवा से पैदा

चाहिए अश्क[1] भी हों नाले[2] के पीछे-पीछे
आमद-ए-क़ाफ़िल:[3] है बाँग-ए-दरा[4] से पैदा

1 आँसू 2 रोना, 2 फ़र्याद करना 3 कारवाँ 4 क़ाफ़िले में बजने वाले घंटे की आवाज़

पा-बरहना[1] सर-ए-उर्यान[2]-ओ-तन-ए-गर्द-आलूद[3]
है करामात-ए-गदा[4] हाल-ए-गदा[5] से पैदा

1 नंगी पाँव 2 खुला सर 3 गर्द में अटा बदन 4 भिखारी का चमत्कार 5 भिखारी की हालत

हुस्न-ए-बुत[1] से जो बनी जान पे अपनी तो खुला
हाल होता है यही इ'श्क़-ए-ख़ुदा[2] से पैदा

1 महबूब की सुंदरता 2 ख़ुदा के प्रेम

फ़िल-हक़ीक़त[1] है अगर चश्मा-ए-हैवाँ[2] वो दहन[1]
सैकड़ों ख़िज़्र[3] से हो जाएँगे प्यासे पैदा

1 सच में 2 वो स्रोत जहाँ अमृत निकलता है 3 एक पैग़म्बर जो भटके लोगों को रास्ता दिखाते हैं

ऊ'र[1] हो, मौसम-ए-सर्मा[2] है क़रीब ऐ 'आतिश'
कीजिए रब्त[3] किसी माह-लक़ा[4] से पैदा

1 नग्न 2 सर्दी का मौसम 3 संबंध 4 चाँद जैसे सुंदर

❁

ज़ो'म[1] में अपने ये ना-फ़हम[2] जो उस्ताद हैं सब
मुतरिज़[3] होजिए[3] तो क़ाबिल-ए-ईराद[5] हैं सब

1 अहंकार, दंभ 2 ना-समझ 3 होइए 4 एं'तिराज़ करनेवाला

मक्तब-ए-इ'श्क़[1] में जो हैं वो फ़लातूँ हिक्मत[2]
कोई शागिर्द[3] किसी का नहीं उस्ताद हैं सब

1 इ'श्क़ का मक्तब (स्कूल) 2 अफ़लातून की तरह बड़ी मान 3 शिष्य

रोज़-ए-अव्वल[1] से हैं साये की तरह से हमराह[2]
रन्ज-ओ-अन्दोह[3]-ओ-मलाल[4] अपने ये हम-ज़ाद[5] हैं सब

1 पहले दिन 2 साथ 3 दुख-दर्द 4 दुख, अफ़सोस 5 साथी

क़त्अ'[1] हो जाए अगर सिलसिला-ए-मह्र-ओ-वफ़ा[2]
फिर गिरफ़्तार नहीं है कोई आज़ाद हैं सब

1 ख़त्म, कटना 2 प्यार और वफ़ा की ज़न्जीर

तू जो लैला है तो मज्नूँ हैं तिरे दीवाने
तू जो शीरीं है तो आ'शिक़ तिरे फ़र्हाद हैं सब

इस जफ़ा-जू[1] को नहीं क़द्र[2] वफ़ादारी की
राएगाँ[3] मेहनतें हैं कोशिशें बर्बाद हैं सब

1 अत्याचार करने वाला 2 मूल्य 3 बेकार, व्यर्थ

क़ामत-ए-यार[1] है बानी-ए-क़यामत[2] 'आतिश'
फ़ित्ना-पर्दाज़ियाँ[3] इस चश्म की ईजाद[4] हैं सब

1 मा'शूक़ का क़द 2 क़यामत की बुनियाद रखने वाली 3 हंगामा खड़ा करने वाली चीज़ें 4 आविष्कार

❁

बेहतर दिखाई दें कहीं शम्स-ओ-क़मर[1] से आप
देखें जो आईने को हमारी नज़र से आप
1 चाँद और सूरज

उस नाज़नीं[1] को देख के कहते हैं ग़ैब-दाँ[2]
कुछ नाज़ुकी[3] में कम नहीं अपनी कमर से आप
1 सुंदरी 2 रहस्य बताने वाले 3 कोमलता

आईन: देखने का कहाँ है तुम्हें दिमाग़
ज़ुल्फ़ों[1] में शान:[2] करते हैं किस दर्द-ए-सर[3] से आप
1 बालों 2 कंधा, कंघा 3 परेशानी

अच्छा हूँ या बुरा हूँ तुम्हारा हूँ जो कि हूँ
आगाह[1] हैं ग़ुलाम[2] के ऐ'ब-ओ-हुनर[3] से आप
1 जानते हैं 2 नौकर 3 दोष व गुण

क्या क्या हमारा ताइर-ए-दिल[1] है फड़क रहा
किस दिन शिकार खेलने निकलेंगे घर से आप
1 दिल का पंछी

होश ऐसे उड़ गए हैं ख़बर कुछ नहीं रही
आए हैं किस तरफ़ से गए हैं किधर से आप

'आतिश' तुम्हारे गिर्या[1] में होता जो कुछ असर
करते दरख़्त-ए-ख़ुश्क[2] हरे चश्म-ए-तर[3] से आप
1 रोना धोना 2 सूखा पेड़ 3 भीगी आँखें

❁

आवे बहार, जाए ख़िज़ाँ[1], हो चमन[2] दुरुस्त
बीमार साल भर के नज़र आएँ तन्दुरुस्त[3]

1 पतझड़ 2 बाग़ 3 स्वस्थ

रंगीं-ख़याल मेरी तरह हो जो बाग़बाँ[1]
हर एक फ़स्ल[2] में रहे रंग-ए-चमन[3] दुरुस्त

1 माली 2 मौसम 3 बाग़ के रंग

हाल-ए-शिकस्त:[1] का जो कभी कुछ बयाँ किया
निकला न एक अपनी ज़बाँ से सुख़न[2] दुरुस्त

1 ख़राब हाल, बुरा हाल 2 बात, शाइ'री, बातचीत, कलाम, बातें, शब्द

जो पहने उसको जामा-ए-उ'र्यानी[1] ठीक हो
अन्दाम[2] पर हर इक के है ये पैरहन[3] दुरुस्त

1 नंगेपन का पोशाक 2 शरीर 2 पोशाक

उ'श्शाक़-ओ-बुलहवस[1] को वो पहचान जाएँगे
छुपती नहीं है सूरत-ए-बीमार-ओ-तन्दुरुस्त

1 सच्चे और झूठे आ'शिक़

'आतिश' वही बहार का आ'लम है बाग़ में
ता-हाल[1] है दिमाग़-ए-हवा-ए-चमन दुरुस्त

1 इस वक़्त तक

कौन सी जा[1] है जहाँ तेरे नहीं ऐ यार मस्त[2]
देखिए जिस कूचे[3] में बड़ मारते[4] हैं चार मस्त
1 स्थान 2 आ'शिक़ 3 गली 4 बेकार की बातें करना

कौन पूजे बुत[1] को किससे हो सके याद-ए-ख़ुदा
अपने-अपने हाल में हैं काफ़िर–ओ-दींदार[2] मस्त
1 मूर्ति 2 काफ़िर और मुसलमान

मयकदे[1] में नश्शे की ऐ'नक[2] दिखाती है मुझे
आस्माँ मस्त ओ ज़मीं मस्त ओ दर-ओ-दीवार मस्त
1 शराबख़ाना 2 चश्मा

दुख़्तर-ए-रज़[1] के लिए होना है इक दिन कुश्त-ओ-ख़ूँ[2]
मुहतसिब[3] पर खींचते हैं आज-कल तल्वार मस्त
1 शराब 2 लड़ाई झगड़े, ख़ून-ख़राबा 3 धर्म अधिकारी

आम है सौदा[1] तुम्हारे गेसू-ए-पुर-पेच[2] का
रोज़ ज़न्जीरों में जकड़े जाते हैं दो-चार मस्त
1 दीवानगी 2 बल खाए बाल

आगे-आगे हो के याद उनको दिला देता हूँ मैं
भूल जाते हैं जो राह-ए-ख़ानः-ए-ख़ुम्मार[1] मस्त
1 शराबख़ाना का रास्ता

वाह 'आतिश' क्या ज़बाँ रखता है कैफ़िय्यत[1] के साथ
सामईं[2] होते हैं सुन-सुन कर तेरे अश्आ'र[3] मस्त
1 अवस्था 2 सुनने वाले 3 शे'र

❁

अ'जब तेरी है ऐ महबूब सूरत
नज़र से गिर गए सब ख़ूबसूरत

सफ़ा-ए-क़ल्ब[1] से होता है रौशन
इस आईने को है मत्लूब[2] सूरत
1 दिल की सफ़ाई 2 तलब होना

नक़ाब उलटो रुख़-ए-ज़ेबा[1] से लिल्लाह[2]
नहीं भाती हमें महजूब[3] सूरत
1 सुंदर चेहरा 2 ख़ुदा के वास्ते 3 पर्दे में

जबीं[1] पर से करो चीन-ओ-शिकन[2] साफ़
हसीनों को है ये मा'यूब[3] सूरत
1 माथा 2 सिलवटें, बल 3 दुषित, ख़राब

वो आ'शिक़ हूँ, मिरे आगे है आता
बना कर हुस्न ख़ुश-उस्लूब[1] सूरत
1 अच्छे तौर तरीक़े

उड़ेगा शौक़ से, पैदा करेगा
कबूतर की मिरा मक्तूब[1] सूरत
1 ख़त

हिला दें दिल न क्यों कर शे'र-ए-'आतिश'
सफ़ा बन्दिश है मा'ना[1] ख़ूबसूरत
1 अर्थ

❁

दहन-ए-यार[1] में न आई बात
शा'इरों ने बहुत बनाई बात
1 यार के मुंह

दामन उस गुल[1] का क्या छुएगी सबा[2]
ये किसी ने है झूट उड़ाई बात
1 फूल 2 अच्छी हवा

क़िस्सा-कोताह[1] दहान-ए-यार[2] का था
हुज्जतों[3] ने मिरी बढ़ाई बात
1 छोटा क़िसा 2 यार के मुंह 3 बहस, दलील

खेल ज़ुल्फ़ों को है उलझ पड़ना
उनकी आँखों को है लड़ाई बात

न किसी को कड़ी कही हमने
न किसी की कड़ी उठाई बात

ताज़गी फ़िक्र की कभी न गई
जब सुनाई नई सुनाई बात

ये सदा[1] आती है ख़मोशी से
मुंह से निकली हुई पराई बात
1 आवाज़

तेरे शीरीं कलाम[1] को सुन कर
फिर न 'आतिश' किसी की भाई बात
1 मधुर बातें

❄

दौलत-ए-हुस्न की भी है क्या लूट
आँखों को पड़ गई है लूटा-लूट

चार दिन है बहार ऐ बुलबुल
ज़र-ए-गुल[1] का हज़ार-तोड़ा[2] लूट

1 फूल का सोना 2 अशरफ़ियों की भरी थैली

सफ़-ए-मिज़्गाँ[1] से कह रही है वो चश्म[2]
दिल मिलें जितने बे-तहाशा लूट

1 पलकों की पंक्ति 2 आँख

साफ़ दिल हो तो जल्वा-गर[1] हो यार
आईन: हो तो हो तमाशा लूट

1 दर्शन देना

ने'मत-ए-ख़्वान-ए-हुस्न[1] जो मिल जाए
ये समझ ले है मन्न-ओ-सल्वा[2] लूट

1 हुस्न के दस्तरख़्वान की ने'मत 2 आस्मान से बनी हुई इस्राईल क़ौम के लिए जो खाना उतरता था

गौहर[1]-ए-आब्ला[2] हुए तो चले
लेंगे दीवानो ख़ार-ए-सहरा[3] लूट

1 मोती 2 छाले 3 रेगिस्तान के काँटे

काम मर्दों का है ये ऐ 'आतिश'
रखती है जान का भी खटका लूट

❀

फ़स्ल-ए-गुल है लूटिए कैफ़िय्यत-ए-मयख़ान:[1] आज
दौलत-ए-साक़ी[2] से माला-माल है पैमान:[3] आज

1 शराबख़ाने की मस्ती 2 शराब पिलाने वाला 3 शराब का प्याला

तेरे कूचे[1] का है ऐ ख़ाना-ख़राब[2] अफ़्सान: आज
शैख़ का'बा छोड़ता है बर्हमन बुत-ख़ान:[3] आज

1 गली 2 बेघर तबाह करने वाला 3 मंदिर

जल्व:-ए-हुस्न[1]-ए-परी दिखला रही है फ़स्ल-ए-गुल[2]
अ'क़्ल-ए-कुल[3] कहिए उसे जो कोई है दीवान: आज

1 हुस्न की ख़ूबसूरती 2 बहार का मौसम 3 बहुत अधिक बुद्धिमान

ख़ूब-रू[1] तुझ सा कोई बाज़ार-ए-आ'लम[2] में नहीं
क़ीमत-ए-यूसुफ़ न थी जो है तिरा बैआ'न:[3] आज

1 खूबसूरत, सुन्दर, हसीन, माशूक, प्रियतमा 2 दुनिया के बाज़ार 3 अग्रिम धन-राशि

वस्ल की शब[1] है अँधेरे का है वा'दा यार से
शम्अ' का होना नहीं मुम्किन कहाँ परवान: आज

1 मिलन की रात

वो परी-पैकर करे जो नाज़[1] ज़ेबा[2] है उसे
शह्र आबाद उसके दीवानों से है वीरान: आज

1 अभिमान, अन्दाज़, नख़रा 2 शोभनीय

अ'र्श पर है इन दिनों में अह्ल-ए-दुनिया[1] का दिमाग़
कौन सा घर है नहीं जिसमें है बाला-ख़ान:[2] आज

1 दुनिया वाले 2 ऊपरी कमरा

नज़्अ[1] की मुश्किल भी आसाँ होती है 'आतिश' न डर
शाह-ए-मर्दां[2] से तलब कर हिम्मत-ए-मर्दान:[3] आज

1 प्राणांत होने की दशा 2 हज़रत अली 3 मर्दों की हिम्मत

❀

बनेंगे किसका ज़ेवर चाँद सूरज
गड़ा करते हैं ज़र-गर[1] चाँद सूरज
1 सुनार, जौहरी

चढ़ें क्या तेरे मुंह पर चाँद सूरज
जवाँ है तू, मुअम्मर[1] चाँद सूरज
1 बूढ़े

जबीं-सा[1] होते हैं जब देखते हैं
सरा-ए-यार[2] का दर[3] चाँद सूरज
1 सर झुकाना 2 माशूक़ का घर दरवाज़ा 3 द्वार

वो रुख़्सारे[1] जो होते हैं मुक़ाबिल[2]
निकल जाते हैं दब कर चाँद सूरज
1 गाल 2 सामने

तिरे जोया[1] हैं ऐ महबूब ये भी
फिरा करते हैं घर-घर चाँद सूरज
1 चाहत रखने वाले

चराग़ों में हैं तेरे रास्ते के
रहें रौशन न क्यों कर चाँद सूरज

हम उस मय-ख़ाने के हैं मस्त 'आतिश'
कि जिसके हैं दो साग़र[1] चाँद सूरज
1 प्याले

❋

क़ातिल अपना जो करे गन्ज-ए-शहीदाँ[1] आबाद
दहन-ए-ज़ख़्म[2] कहीं ख़ाना-ए-एहसाँ आबाद
1 शहीदों के लिए क़ब्रिस्तान 2 मुंह का ज़ख़्म

कौन है जो तिरी दूरी में नहीं मरता है
एक घर रहने न देगी शब-ए-हिज्राँ[1] आबाद
1 विरह की रात

बा'द फ़र्हाद के फिर कोहकनी[1] मैंने की
बा'द मज्नूँ के किया मैंने बयानाँ आबाद
1 पहाड़ को खोदने का कार्य

कूचः-ए-यार[1] में हो रौशनी अपने दम की
का'बः-ओ-दैर[2] करें गब्र-ओ-मुसलमाँ[3] आबाद
1 मा'शूक़ का गली 2 मंदिर और मस्जिद 3 मुस्लिम और ग़ैर मुस्लिम

कसरत-ए-दाग़-ए-मोहब्बत[1] से इलाही[2] भर दे
मन्ज़िल-ए-दिल को करें आ के ये मेहमाँ आबाद
1 मोहब्बत में मिले दाग़ की अधिकता 2 ख़ुदा

जिस तरफ़ देखिए आता है नज़र वो महबूब
जल्वः-ए-यार[1] से है आ'लम-ए-इम्काँ[2] आबाद
1 मा'शूक़ की उपस्थिति, रौशनी 2 संभावनाओं की दुनिया

सारी रौनक़ है ये दीवानों के दम की 'आतिश'
तौक़-ओ-जन्जीर से होता नहीं ज़िन्दाँ[1] आबाद
1 पिंजरा

❁

मय-ए-गुलरंग[1] से लबरेज़[2] रहें जाम[3] सफ़ेद[4]
चश्म-ए-बद-बीं[5] को करे गर्दिश-ए-अय्याम[6] सफ़ेद[7]

1 लाल रंग की शराब 2 भरा हुआ 3 शराब 4 साफ़ 5 बुरी नज़र 6 समय-चक्र 7 अंधा

बस-कि उस बुत[1] की तबीअ'त है ज़माने से ख़िलाफ़
सुब्ह पोशाक सियह[2] है तो सर-ए-शाम[3] सफ़ेद

1 मूर्ति, मा'शूक़ 2 काला 3 शाम से, शाम का समय

कौन सी शाम नहीं सुब्ह हुई ऐ मग़रूर
एक दिन होती है ये ज़ुल्फ़-ए-सियह-फ़ाम[1] सफ़ेद

1 काले बाल

क़त्र:-ए-अश्क[1] में सुर्ख़ी[2] का कहीं नाम नहीं
लहू तेरा भी हुआ ऐ दिल-ए-नाकाम सफ़ेद

1 आँसू के क़त्रे, बूँद 2 लाली

चाँदनी रात में वो माह[1] जो याद आता है
काटने दौड़ते हैं मुझको दर-ओ-बाम[2] सफ़ेद

1 चाँद 2 दरवाज़ा और ऊपरी मन्ज़िल, छत

वस्ल की शब[1] जो हुई सुब्ह यकायक तो हुआ
मैं इधर ज़र्द[2] उधर रू-ए-दिलाराम[3] सफ़ेद[4]

1 मिलन की रात 2 पीला 3 दिल को सुकून देने वाला चेहरा 4 रंग उड़ना

बस है इतनी ही ज़माने की दो-रंगी 'आतिश'
मय-ए-गुल-रंग[1] से लबरेज़ रहें जाम सफ़ेद

1 फूलों के रंग जैसी शराब

❁

ता-चन्द[1] करूँ सीने में मैं आह-ओ-फ़ुग़ाँ[1] बन्द
क़ब तक रहे इस घर में इलाही ये धुआँ बन्द
1 क़ब तक 2 रोना धोना

इस कुल्ज़ुम-ए-हस्ती[1] में हैं वो गोशा-नशीं[2] हम
दिन-रात रहा मिस्ल-ए-हबाब[3] अपना मकाँ बन्द
1 अस्तित्व का समुद्र 2 कोने में 3 बुलबुले की तरह

मुंह देखता हूँ यार का कुछ कह नहीं सकता
आँखें तो खुलीं हैं मिरी लेकिन है ज़बाँ बन्द

गर्दिश[1] है जो क़िस्मत की वो मौजूद है वाँ भी
गो शीशः-ए-साअ'त[2] में रहे रेग-ए-रवाँ[3] बन्द
1 घूमना 2 रेत वाली घड़ी के शीशे में 3 गिरती हुई रेत

फिरता है ये कोई तो तिरे कूचे[1] में शब[2] को
ता-सुब्ह[3] नहीं होती है आवाज़-ए-सगाँ[4] बन्द
1 गली 2 रात 3 सुब्ह तक 4 कुत्तों के भौंकने की आवाज़

तंग आके शब-ए-वस्ल[1] में हो जाए बरहना[2]
अंदाम[3] को उस गुल[4] की क़बा[5] के हों गिराँ[6] बन्द
1 मिलन की रात 2 नंगा, वस्त्रहीन 3 शरीर, देह, जिस्म 4 फूल 5 पोशाक
6 भारी

क़िस्मत मुझे क्यों गुम्बद-ए-अफ़्लाक में लाई
'आतिश' ख़फ़क़ानी[1] को क़यामत है मकाँ बन्द
1 जिसे दिल धड़कने का रोग हो

❁

जल्द हो बह्र-ए-सफ़र[1] ऐ मह-ए-कनआँ'[2] तय्यार
हो चुका तेरे लिए मिस्र में ज़िन्दाँ[3] तय्यार
1 सफ़र के लिए 2 चाँद, हज़रत यूसुफ 3 जेल

बाग़-ए-आ'लम में हूँ मैं वो शजर-ए-सोख़्ता[1]-बख़्त
मिरी शाख़ों[2] से हुए सर्वे-ए-चराग़ाँ[3] तय्यार
1 बुरी क़िस्मत वाला, सूखा पेड़ 2 टहनियों 3 चराग़ों से जगमगाता हुआ पेड़

आब्ला-पाई[1] ने सहरा[2] में रुलाया जो मुझे
अब्र-ए-मिज़्गाँ[3] ने किए नख़्ल-ए-मुग़ीलाँ[4] तय्यार
1 पाँव के छाले 2 रेगिस्तान, वीराना 3 पलकों के आँसू 4 काँटेदार पौधे

चल दिला[1] वक़्त है सीने के सिपर[2] करने का
बर्छियाँ ताने हुए हैं सफ़-ए-मिज़्गाँ[3] तय्यार
1 ऐ दिल 2 ढाल 3 पलकों की पंक्ति

रन्ज[1] उठाने में ज़िबस[2] मैंने मज़ा पाया है
ज़ख़्म के वास्ते रखता हूँ नमकदाँ[3] तय्यार
1 दुख 2 बहुत 3 नमक का बर्तन

तू भी ऐ गिर्या[1] दिखा चेहरा-ए-रंगीन-ए-हबीब[2]
बारिश-ए-अब्र[3] से होता है गुलिस्ताँ[4] तय्यार
1 रोना 2 महबूब का रंगीन चेहरा 3 बादलों की बारिश 4 बाग़

कौन से रोज़ न दामन[1] ने मुझे उलझाया
कब गला घोंटने को था न गरेबाँ तय्यार
1 क़मीज़ व कुर्ता

बा'द-ए-मज्नूँ जो गया मैं मिरे सर पर 'आतिश'
साय: करने को हुए बेद-ए-बयाबाँ[1] तय्यार

1 जंगल का एक पेड़ जिसकी टहनियाँ कमज़ोर और झुकी रहती हैं

❃

ऐ जुनूँ रखियो बयाबाँ[1] को सवारी तय्यार
आज-कल चलने को है बाद-ए-बहारी[2] तय्यार

1 जंगल, वीरान 2 बहार की हवा

दिल तो कहता था निकल चलने को पर चलते वक़्त
पेश्तर दिल[1] से हुई जान हमारी तय्यार

1 दिल से पहले

मुझको मज्नूँ से भी जिस वक़्त कि लाग़र[1] पाया
कुश्ती लड़ने को हुई बाद-ए-बहारी तय्यार

1 कमज़ोर

सुर्मा अंधेर हिना क़ह्र क़यामत मिस्सी[1]
फ़िल्त:-अन्गेज़ी[2] की तरकीबें हैं सारी तय्यार

1 दांतों को चमकाने के लिए एक तरह का पाउडर 2 फ़ित्ना उठाने की

रिज़्क़[1] हर सुब्ह पहुँचता है मुझे बे-मिन्नत[2]
ख़ून-ए-दिल लख़्त-ए-जिगर[3] की है नहारी तय्यार

1 खाना 2 बिना अनुरोध 3 जिगर के टुकड़े

इस ज़माने में सिपाही नहीं बे-गारी हैं
न तो तल्वार सजी है न कटारी तय्यार

तेरे दीवाने की वहशत है ज़ियादा हर साल
बेड़ियाँ होती हैं हर मर्तबा[1] भारी तय्यार

1 बार

तख़्त-ए-ताबूत[1] कहाँ बन के ग़ुबार उड़ जाओ
बाद[1] के घोड़े की 'आतिश' है सवारी तय्यार

1 जिस तख़्ते पर मुर्दे को ले जाते हैं 2 हवा

दम निकलता है निगाह-ए-चश्म-ए-मस्त-ए-यार[1] पर
नश्शे का डोरा बला-ए-जाँ है उस तल्वार पर

1 महबूब की मस्त आँख पर

शर्म से वो शर्मगीं-आँखें[1] झुकी जाती नहीं
रात भारी हो गई है मर्दुम-ए-बीमार[2] पर

1 संकोची आँखें 2 आदमी, आँख की पुतली

ख़ुश-नुमा है चेहरा-ए-महबूब पर ज़ुल्फ़-ए-सियाह[1]
आ'लम इक दिखलाती है काली घटा गुलज़ार[2] पर

1 काले बाल 2 बाग़ीचे

छेड़ सकता है कोई अब्रू[1] को शाना[2] मिस्ल-ए-ज़ुल्फ़[3]
हाथ फिर सकता है तेग़-ए-तेज़[4] की कब धार पर

1 भौं 2 कंघी 3 ज़ुल्फ़ की तरह 4 तेज़ धार तल्वार

खींचता है आपको दूर इस क़दर क्यों आफ़्ताब[1]
साय: क्या सूरज-मुखी का है किसी रुख़्सार[2] पर

1 सूरज 2 चेहरा, गाल

क्या करूँ पस्त-ओ-बुलन्द[1]-ए-राह-ए-उल्फ़त[2] का बयाँ
चाह[3] में इक पाँव[4] है इक पाँव है दीवार पर

1 ऊँच-नीच 2 मोहब्बत के रास्ते 3 कुआँ 4 पैर

ख़ुद-ग़लत[1] ना-हक़[2] न हों तक़्लीद[3]-ए-'आतिश' से हलाक[4]
चोर कब मन्सूर[5] बन सकता है खिंच कर दार[6] पर

1 जो ख़ुद को बड़ा समझें 2 बेबात 3 अनुकरण 4 मर जाना 5 सूफ़ी जिन्हें मृत्यु-दंड दिया गया था 6 फ़ाँसी देने का तख़्ता

महव[1] कर देता है सर-ता-पा-ए-यार[2]
क्या मुनासिब तन के हैं आ'ज़ा-ए-यार[3]

1 मोहित करना 2 महबूब का बदन सर से पाँव तक 3 बदन के हिस्से

दोनों हैं अपने लिए ईज़ा-दहन्द[1]
इ'श्क़-ए-बे-ख़ुद[2] हुस्न-ए-बे-परवा-ए-यार[3]

1 तकलीफ़ देने वाला 2 इ'श्क़ जिसे अपनी ख़बर न हो 3 हुस्न जिसे किसी की परवाह न हो

आज-कल से कुछ मैं दीवाना नहीं
सर न था जब से कि है सौदा-ए-यार[1]

1 यार की दीवानगी

इ'श्क़-ए-शोर-अन्गेज़[1] पैदा कीजिए
जल्वः-गर[2] है हुस्न-ए-शौक़-अफ़ज़ा-ए-यार[3]

1 हंगामे से भरा इ'श्क़ 2 उपस्थित, रौशन 3 बढ़ती तड़प

साक़ी-ओ-मय[1] शीशा-ओ-साग़र[2] हैं सब
ख़ाली है यादश-बख़ैर[3] इक जा-ए-यार[4]

1 शराब पिलाने वाला और शराब 2 काँच की बोतल और शराब का गिलास 3 याद की ख़ैर हो 4 महबूब की जगह

बाँधिए मज़्मूँ तो मज़्मून-ए-दहन[1]
कीजिए पैदा तो ना-पैदा-ए-यार

1 मुंह के विषय

ख़ुद-गुमी[1] बे-वज्ह 'आतिश' की नहीं
ये भी है मेरी तरह जोया-ए-यार[2]

1 ख़ुद में खोया हुआ 2 यार की तलाश में

❀

दिखाए हुस्न की अपने जिसे कि यार बहार
ये इ'श्क़ हो कि पुकारा करे बहार-बहार

फ़िराक़-ए-यार मुबद्दल[1] विसाल से होवे
निकाले दिल से ख़िज़ाँ[2] का ये ख़ार-ख़ार[3] बहार

1 बदल जाना 2 पतझड़ 3 काँटे-काँटे

शबाब[1] का तिरे ऐ यार रंग ला के हुई
बला-ए-आ'लम-ओ-आशोब-ए-रोज़गार[2] बहार

1 जवानी 2 दुनिया के लिए बला और वक़्त के लिए परेशानी

वो रंग-ओ-बू[1] बदन-ए-यार[2] में जो है सो कहाँ
शगूफ़े[3] ऐसे खिलाया करे हज़ार बहार

1 रंग और ख़ुश्बू 2 महबूब का बदन 3 कलियाँ

करम से अब्र-ए-करम के तिरे ये फ़ैज़[1] है आ'म
तिरा दिया हुआ रखती है ए'तिबार[2] बहार

1 कृपा2 भरोसा

नज़ार:[1] दीद:-ए-बुलबुल[2] से कीजिए अबकी
ख़ुदा जो चाहे तो 'आतिश' हो साज़गार[3] बहार

1 दर्शन 2 बुलबुल की आँख 3 रास आना

नश्शः-ए-इ'श्क़ का असर है शर्त
लब-ए-ख़ुश्क[1] और चश्म-ए-तर[2] है शर्त

1 सूखा होंठ 2 भीगी आँख

बे-ख़बर एक दिन सफ़र है शर्त
कहे रखते हैं हम ख़बर है शर्त

मस्त तेरी मय-ए-मोहब्बत[1] का
दीन-ओ-दुनिया से बे-ख़बर है शर्त

1 मोहब्बत का जाम, शराब

सन्दली रंग[1] सैकड़ों मा'शूक़
इ'श्क़-बाज़ी का दर्द-ए-सर है शर्त

1 चंदन जैसा रंग

क़ौल[1] पर क़ौल हमसे यार से है
शर्त पर शर्त शर्त पर है शर्त

1 प्रण

कहूँ क्यों कर मियान[1]-ए-यार को हेच[2]
जिस्म के वास्ते कमर है शर्त

1 बीच 2 तुच्छ

ये तमन्ना[1] है बन्दगी[2] तेरी
उस क़दर हो कि जिस क़दर है शर्त

1 कामना 2 समर्पण

गुलशन-ए-ऐ'श[1] के नज़ारे को
मिस्ल-ए-ग़ुन्चा[2] गिरह[3] में ज़र[4] है शर्त

1 भोग के स्थान 2 कली की तरह 3 गाँठ 4 धन-दौलत

झूटे सच्चों का देते हैं धोका
जौहरी के लिए नज़र है शर्त

मा'रका इ'श्क़[1] का है याँ 'आतिश'
पाँव पर तेग़-ज़न[2] के सर है शर्त

1 इ'श्क़ की जंग 2 तल्वार चलाने वाला

❁

अल्लाह होवे बुलबुल-ए-नाशाद[1] की तरफ़
गुलचीं[2] जो बोलता है तो सय्याद[3] की तरफ़
1 दुखी बुलबुल 2 माली 3 शिकारी

ऐ जज़्ब-ए-दिल बग़ल में समझता हूँ यार को
जाता है ध्यान जब तिरी इमदाद[1] की तरफ़
1 मदद

लाया है इश्क़ हुस्न का तेरे कशाँ-कशाँ[1]
आता था कौन आ'लम-ए-ईजाद[2] की तरफ़
1 खींचते हुए 2 मानव निर्माण की दुनिया

समझे न मासिअ'त[1] कोई अपना बुतों से इ'श्क़
मद्द-ए-नज़र[2] है हुस्न-ए-ख़ुदा[3]-दाद की तरफ़
1 गुनाह 2 नजर के सामने 3 ख़ुदा का दिया हुआ हुस्न

आ'शिक़ हैं मह्व-ए-हुस्न[1] जो चाहो सितम करो
किसका ख़याल जाता है बेदाद[1] की तरफ़
1 हुस्न में खोए हुए 2 सितम

'आतिश' ये वो ज़मीं है कि जिसमें शफ़ीक़-ए-मन[1]
'सौदा' हुआ है 'मीर' से उस्ताद की तरफ़
1 मेरा मोहब्बत करने वाला

❁

नहीं जो रोज़-ओ-शब[1]-ओ-माह-ओ-साल[2] से वाक़िफ़[3]
वही है ख़ूब ज़माने के हाल से वाक़िफ़

1 दिन-रात 2 साल और महीने 3 परिचित

दुआ-ए'-ख़ैर[1] यही है मिरी हसीनों को
न हो कमाल तुम्हारा ज़वाल[2] से वाक़िफ़

1 ख़ैरियत की दुआ' 2 पतन होना

वो काम करते हैं जो दिल इशारा करता है
शुगूँ[1] से हैं न तो हम गोशे[2] फ़ाल[3] से वाक़िफ़

1 शगुन 2 कान 3 किसी किताब से भाग्य देखना

शराब दे मुझे साक़ी[1] मैं रिन्द-मशरब[2] हूँ
फ़क़ीह[3] होंगे हराम-ओ-हलाल से वाक़िफ़

1 शराब पिलाने वाला 2 शराब ही जिसका धर्म-पथ हो 3 इस्लामी क़ानून का जानकार

बहे-बहे फिरें दरिया-ए-अश्क में अफ़्लाक[1]
पुलों को कीजिए कश्ती की चाल से वाक़िफ़

1 आस्मान

परी है हूर है या रूह क़स्र-ए-जिस्म[1] में है
बशर[2] हूँ मैं नहीं पर्दे के हाल से वाक़िफ़

1 शरीर रूपी महल 2 इन्सान

दर-ए-करीम[1] नहीं सैर-गाह-ए-मग़रूराँ[2]
न आए याँ वो न हो जो सवाल[3] से वाक़िफ़

1 दयालु का द्वार 2 घमंडी लोगों के आने की जगह 3 माँगने से

❁

किसी हसीं की हो क्या क़द्र यार के नज़्दीक
वो गुल-ए'ज़ार[1] है यक्ता[2] हज़ार के नज़्दीक

1 फूल जैसे गालों वाला मा'शूक़ 2 निराला, अनोखा

क़फ़स[1] तक आए जो ले कर चमन[2] से निकहत-ए-गुल[3]
ये फ़ास्ला[4] है नसीम-ए-बहार[5] के नज़्दीक

1 पिजड़ा 2 बाग़ 3 फूल की खुशबू 4 दूरी 5 वसंत की हवा

करोर[1] कोस से मयख़ान:[2] दूर हो हर-चन्द
करम करे तो है अब्र-ए-बहार के नज़्दीक

1 करोड़ 2 शराब ख़ाना

वो लोग करते हैं ता'रीफ़-ए-ख़ुल्द[1] मिम्बर पर
गए नहीं जो कभी कू-ए-यार[2] के नज़्दीक

1 स्वर्ग की ता'रीफ़ 2 यार की गली

ख़लिश[1] करे न मिरे दिल से वो मिज़ा[2] क्यों कर
शिकस्त-ए-आब्ल:[3] है फ़त्ह-ए-ख़ार[4] के नज़्दीक

1 चुभन 2 पलकें 3 छाले की हार 4 काँटे की जीत

अ'जीब शह्र-ए-ग़म-आबाद[1] इ'श्क़ भी है कोई
ख़ुशी फटकती नहीं इस दयार[2] के नज़्दीक

1 ऐसा शहर जिसे ग़म ने आबाद किया हो 2 जगह

हज़ार पस्त[1] किया है फ़लक[2] ने ऐ 'आतिश'
बुलन्द-क़द्र हैं हम ए'तिबार के नज़्दीक

1 नीचा 2 क़िस्मत, आकाश

❀

एक से एक है तमाशा रंग
दीदनी[1] है जहान-ए-रंगा-रंग[2]

1 देखने लायक़ 2 रंग बिरंगी दुनिया

सामने तेरे रू-ए-रंगीं[1] के
लाल:-ओ-गुल[2] ने भी न पकड़ा रंग

1 रंगीन चेहरा 2 फूल

आँखें हैं और ज़ुल्फ़-ए-यार[1] का ध्यान
कुछ न कुछ लाएगा ये सौदा रंग

1 महबूब के बाल

तुम जो ख़ुम-ख़ाने[1] में नहीं आए
मय-ए-गुल-रंग[2] का है पतला रंग

1 शराब-ख़ाना 2 फूलों के रंगीन शराब

ज़ुल्फ़-ओ-रुख़[1] से तिरे खुला कि नहीं
ऐसा काला न ऐसा गोरा रंग

1 बाल और चेहरा

मस्त तेरे न लें जो नज़र भी दे
मय-ए-सुर्ख़[1] आस्मान-ए-मीना-रंग

1 लाल रंग का शराब

फ़िक्र-ए-रंगीं[1] ने तेरी ऐ 'आतिश'
कैसे-कैसे किए हैं पैदा रंग

1 रंगीन कल्पना

वह्म[1] है यार का आग़ोश[2] में आना शब-ए-वस्ल[3]
पैरहन[4] में मुझे मुश्किल है समाना शब-ए-वस्ल
1 भ्रम 2 आलिंगन 3 मिलने की रात 4 लिबास, कुर्ता

सज्दः-ए-शुक्र ख़ुदाया मैं किए रखता हूँ
पाँव पर यार के सर को है झुकाना शब-ए-वस्ल

जिस क़दर सोए ग़नीमत मैं समझता हूँ उसे
बख़्त-ए-ख़ुफ़्ता[1] को है ता-सुब्ह[2] जगाना शब-ए-वस्ल[3]
1 सोया हुआ नसीब 2 सुब्ह तक 3 मिलन की रात

वक़्त को हाथ से खोना है ग़जब ग़फ़्लत[1] में
मौत से कम नहीं कुछ नीन्द का आना शब-ए-वस्ल
1 लापरवाही

इ'श्क़ है आँखों को तलवों से मुझे मलने का
पाएँती यार की है मेरा सिर्हाना शब-ए-वस्ल

रुख़्सत-ए-यार के ऊपर मैं गला काटूँगा
आब-ए-शमशीर[1] से है मुझको नहाना शब-ए-वस्ल
1 तल्वार का पानी, चमक, धार

यार-ए-वहशी को ये लाई है बग़ल में 'आतिश'
दाम-ए-उन्क़ा[1] है जिसे कहते हैं दाना[2] शब-ए-वस्ल
1 असाधारण जाल 2 समझदार लोग

आइना-ख़ान: करेंगे दिल-ए-नाकाम को हम
फेरेंगे अपनी तरफ़ रू-ए-दिल-आराम[1] को हम

1 दिल को आराम देने वाला चेहरा

याद रखने की जगह है ये तिलिस्म[1]-ए-हैरत
सुब्ह को देखते ही भूल गए शाम को हम

1 जादू

आँख वो फ़ित्न:-ए-दौराँ[1] किसे दिखलाता है
शो'बदा[2] जानते हैं गर्दिश-ए-अय्याम[3] को हम

1 ज़माने का हंगामा, फ़साद यानी महबूब 2 जादू 3 समय-चक्र

फ़ित्न:-अन्गेज़ी भी छुपती है कहीं पर्दे में
सुनते हैं गब्र-ओ-मुसलमाँ[1] से तेरे नाम को हम

1 आग को पूजने वाला और मुस्लिम

वही तहसील-ए-मोहब्बत[1] का है आ'लम व्रा-हाल[2]
पुख़्त:[3] करते हैं हुनूज़[4] आरज़ू-ए-ख़ाम[5] को हम

1 महबूब को हासिल करने की कोशिश 2 अब तक 3 मज़्बूत 4 अभी तक
5 कच्ची आरज़ू

कूच:-ए-यार में अपना जो गुज़र होता है
निगराँ[1] रहते हैं हस्रत से दर-ओ-बाम को हम

1 देखते रहना

हुस्न से इ'श्क़ की ख़ातिर[1] है ख़ुदा ने भेजा
करते हैं 'आतिश' उसे आए हैं जिस काम को हम

1 के लिए

ग़ैरत-ए-महर[1] रश्क-ए-माह[2] हो तुम
ख़ूबसूरत हो बादशाह हो तुम

1 सूरज को शर्माने वाला 2 जिससे चाँद को जलन हो

जिसने देखा तुम्हें वो मर ही गया
हुस्न से तेग़-ए-बे-पनाह[1] हो तुम

1 बेहद तेज़ तल्वार

क्यों कर आँखें न हम को दिखलाओ
कैसे ख़ुश-चश्म-ओ-ख़ुश-निगाह[1] हो तुम

1 ख़ूबसूरत आँखों वाले

हुस्न में आपके है शान-ए-ख़ुदा
इश्क़-बाज़ों के सज्दा-गाह[1] हो तुम

1 जहाँ सज्दा किया जाए

हमसे पर्दा वही हिजाब का है
कूचः-गर्दों से रू-ब-राह[1] हो तुम

1 रास्ते में चेहरा दिखाना

क्यों मोहब्बत बढ़ाई थी तुमसे
हम गुनहगार बे-गुनाह हो तुम

है तुम्हारा ख़याल पेश-ए-नज़र[1]
जिस तरफ़ जाएँ सद्द-ए-राह[2] हो तुम

1 आँख के सामने 2 रास्ता रोके हुए

दोनों बन्दे उसी के हैं 'आतिश'
ख़्वाह[1] हम उसमें होवें ख़्वाह हो तुम

1 चाहे

वहशी[1] थे बू-ए-गुल[2] की तरह से जहाँ में हम
निकले तो फिर के आए न अपने मकाँ में हम

1 दीवाना, घबराया हुआ 2 फूलों की ख़ुश्बू

साकिन[1] हैं जोश-ए-अश्क[2] से आब-ए-रवाँ[3] में हम
रहते हैं मिस्ल-ए-मर्दुम-ए-आबी[4] जहाँ में हम

1 रहने वाले 2 आँसुओं के जोश से 3 बहता पानी 4 पानी में रहने वाले जानदार की तरह

साक़ी[1] है यार-ए-माह-लक़ा[2] है शराब है
अब बादशाह-ए-वक़्त हैं अपने मकाँ में हम

1 शराब पिलाने वाला 2 चाँद जैसा महबूब

लिक्खा है किसके ख़न्जर-ए-मिज़्गाँ[1] का उसने वस्फ़[2]
इक ज़ख़्म देखते हैं क़लम की ज़बाँ में हम

1 पलकों की छुरी 2 ता'रीफ़

शागिर्द[1] तर्ज़-ए-ख़न्दः-ज़नी[2] में है गुल तिरा
उस्ताद-ए-अ'न्दलीब[3] हैं शोर-ओ-फ़ुग़ाँ[4] में हम

1 शिष्य 2 हँसने के अन्दाज़ 3 बुलबुल के उस्ताद 4 रोने और फ़र्याद करने में

दरवाज़ः बन्द रखते हैं मिस्ल-ए-हबाब-ए-बह्र[1]
क़ुफ़्ल-ए-दरून-ए-ख़ानः[2] हैं अपने मकाँ में हम

1 समुन्दर के बुलबुले की तरह 2 घर के अंदर का ताला

'आतिश' सुख़न[1] की क़द्र ज़माने से उठ गई
मक़्दूर[2] हो तो क़ुफ़्ल[3] लगा दें दहाँ[4] में हम

1 शाइ'री 2 संभव 3 ताला 4 मुंह

❀

आख़िर-ए-कार[1] चले तीर की रफ़्तार क़दम
ग़ैर-ए-मन्ज़िल न पड़े राह में ज़िन्हार[2] क़दम
1 अंत में 2 ज़रा सी

उठ गए वस्ल की शब[1] पेशतर-अज़-यार[2] क़दम
आगे हम उ'म्र-ए-रवाँ[3] से भी चले चार क़दम
1 मिलने की रात 2 यार से पहले 3 गुज़रती हुई ज़िन्दगी

कू-ए-मक़्सूद[1] से यूँ रखती है ग़फ़्लत[2] मुझे दूर
जैसे सो जाने से हो जाते हैं बे-कार क़दम
1 वो गली जहाँ जाना होता है 2 लापरवाही

अह्ल-ए-आ'लम[1] में हूँ मैं ज़िन्दों में मुर्दों की तरह
बढ़ चलें लाख मगर साथ हैं दो चार क़दम
1 दुनिया के लोग

कूचः-गर्दी[1] ये शब-ओ-रोज़[2] की बे-वज्ह नहीं
एड़ियाँ रगड़ेंगे किसके पस-ए-दीवार[3] क़दम
1 गलियों में घूमना 2 दिन और रात 3 दीवार के पीछे

जादः-ए-राह-ए-मोहब्बत[1] को ख़त-ए-मुस्तर[1] जान
सर के बल मिस्ल-ए-क़दम[2] चल जो हों बे-कार क़दम
1 प्रेम-पथ का नक़्शा 2 कागज़ पर लिखने के लिए जो लकीरें खिंची होती हैं 2 पैरों की तरह

ख़ाक भी हूँ तो हूँ मैं ख़ाक-ए-दर[1] उसका 'आतिश'
जिसके थे दोश-ए-पयम्बर[2] के सज़ा-वार[3] क़दम
1 दरवाज़े की मिट्टी 2 नबी का कांधा 3 लायक़

❀

चमन[1] में रहने दे कौन आशियाँ नहीं मा'लूम
निहाल[2] किसको करे बाग़बाँ[3] नहीं मा'लूम

1 बाग़ 2 ख़ुश 3 माली

मिरे सनम का किसी को मकाँ नहीं मा'लूम
ख़ुदा का नाम सुना है निशाँ नहीं मा'लूम

अख़ीर[1] हो गए ग़फ़्लत[2] में दिन जवानी के
बहार-ए-उ'म्र हुई कब ख़िज़ाँ नहीं मा'लूम

1 ख़त्म 2 लापरवाही

सुना जो ज़िक्र-ए-इलाही[1] तो उस सनम ने कहा
अ'याँ[2] को जानते हैं हम निहाँ[3] नहीं मा'लूम

1 ख़ुदा का चर्चा 2 जो सामने हो 3 छुपी हुई

किया है किसने तरीक़-ए-सुलूक[1] से आगाह
मुरीद[2] किसका है पीर-ए-मुग़ाँ[3] नहीं मा'लूम

1 सूफ़ियों के तरीक़े से 2 शिष्य 3 साक़ी

मिरी तरह तो नहीं उसको इ'श्क़ का आज़ार[1]
ये ज़र्द[2] रहती है क्यों ज़ा'फ़राँ[3] नहीं मा'लूम

1 रोग 2 पीला 3 ज़ाफ़रान, केसर

खुली है ख़ान:-ए-सय्याद[1] में हमारी आँख
क़फ़स[2] को जानते हैं आशियाँ[3] नहीं मा'लूम

1 शिकारी का घर 2 पिंजरा 3 घर

छुटेंगे ज़ीस्त[1] के फन्दे से किस दिन ऐ 'आतिश'
जनाज़: होगा कब अपना रवाँ नहीं मा'लूम

1 ज़िन्दगी

❀

बदन सा शहर नहीं दिल सा बादशाह नहीं
हवास-ए-ख़म्सा[1] से बेहतर कोई सिपाह[2] नहीं
1 पाँचों इंद्रियाँ 2 फ़ौज

वो आब-ओ-रंग[1] कहाँ रू-ए-यार[2] का गुल पर
हज़ार आँख हो नर्गिस[3] की वो निगाह नहीं
1 रंग और चमक 2 यार का चेहरा 3 एक फूल जिसकी शक्ल आँख जैसी होती है

सदा ये क़ब्र से बेदार[1] दिल को आती है
अ'मल[1] जो नेक हों तो ऐसी ख़्वाब-गाह[3] नहीं
1 जगे हुए 2 काम 3 सोने की जगह

ख़याल इसमें है लाज़िम सियाह चश्मों का
लिबास[1] का'ब:-ए-दिल[2] का मिरे सियाह नहीं
1 ग़िलाफ़ 2 दिल का का'बा

न पाक[1] होगा कभी हुस्न-ओ-इ'श्क़ का झगड़ा
वो क़िस्स: है ये कि जिसका कोई गवाह नहीं
1 ख़त्म

भर आए देख के मुंह में न किस तरह पानी
तुम्हारी नाफ़[1] सा चश्मा[2] ज़क़न[3] सा चाह[4] नहीं
1 नाभि 2 तालाब, स्रोत 3 ठोड़ी 4 कुआँ

❁

बुलबुल को ख़ार-ख़ार[1] दबिस्ताँ[2] है इन दिनों
हर तिफ़्ल[3] की बग़ल में गुलिस्ताँ[4] है इन दिनों

1 हर काँटा 2 पाठशाला, मदरसा 3 बच्चा 4 बाग़ीचा

ज़ुन्नार इ'श्क़-ए-बुत[1] में रग-ए-जाँ[2] है इन दिनों
नाक़ूस-ए-बरहमन[3] दिल-ए-नालाँ[4] है इन दिनों

1 बुत के इ'श्क़ का जनेऊ 2 ज़िन्दगी की रग 3 बरहमन का शंख 4 रोता हुआ दिल

आबाद मेरा ख़ान:-ए-वीराँ[1] है इन दिनों
सैलाब मुझ ग़रीब का मेहमाँ है इन दिनों

1 वीरान घर

कहते हैं हम ज़मीन में मज्नूँ की अब ग़ज़ल
हर बैत[1] अपनी ख़ान:-ए-ज़िन्दाँ[2] है इन दिनों

1 ग़ज़ल का शे'र 2 जेल ख़ाना

आता है सैर-ए-बाग़ को वो गौहर-ए-मुराद[1]
फैलाए गुल के पास जो दामाँ है इन दिनों

1 वो मोती जिसकी कामना है

जौहर-शनास[1] जम्अ'[2] हैं 'आतिश' है मा'रका[3]
शमशीर[4] है वही कि जो उर्यां[5] है इन दिनों

1 फ़न को पहचानने वाले 2 इकट्ठा 3 कठिन कार्य 4 तल्वार 5 नंगी

❀

दो क़दम ग़ुर्बत[1] से गर सू-ए-वतन[2] जाता हूँ मैं
पाँव शल[3] हो जाते हैं दीवार बन जाता हूँ मैं

1 वतन से दूरी 2 वतन की तरफ़ 3 सुन्न हो जाना, थक जाना

कैसी ही आज़ुर्दगी[1] हो आइने की तर्ह से
चार आँखें होते ही उस बुत से मन जाता हूँ मैं

1 उदासी, नाराज़गी

तुर्फ़:[1] सौदा है मिरा अपना गरेबाँ छोड़ कर
फाड़ने उस गुल-बदन[2] का पैरहन जाता हूँ मैं

1 अ'जीब 2 फूल जैसे बदन वाले

साथ होता है कभी मेरे जो वो बाला-बुलन्द[1]
काटने सर्व-ओ-सनोबर[2] को चमन जाता हूँ मैं

1 ऊँचे क़द वाले 2 बहुत ऊँचे पेड़

गोर[1] में ख़ाकी बदन को छोड़ कर जाती है रूह
झाड़ कर गोशे[2] में गर्द-ए-पैरहन[3] जाता हूँ मैं

1 क़ब्र 2 कोने 3 लिबास की धूल

ख़ुश-सुलूकी[1] की ज़मीन-ओ-आस्मान ने मेरे साथ
आया था बे-पैरहन[2] पहने कफ़न जाता हूँ मैं

1 अच्छा सुलूक 2 बिना कपड़ों के

ताब-ए-दाग़-ए-बरहमी[1] मानिन्द-ए-बू-ए-गुल[2] नहीं
छोड़ कर आबाद 'आतिश' अन्जुमन जाता हूँ मैं

1 ग़ुस्सा, नाराजी सहने की ताक़त 2 फूल की ख़ुश्बू की तरह

❁

पिसे दिल उसकी चितवन[1] पर हज़ारों
मुए बे-साख़्ता-पन[2] पर हज़ारों

1 निगाह 2 अचानक, बनावट से दूर

मिरी ज़िद से हुआ है मेह्‌रबाँ दोस्त
मिरे एहसाँ हैं दुश्मन पर हज़ारों

बरा-ए-शुक्र-ए-क़ातिल[1] रोंगटों से
ज़बानें हैं मिरे तन पर हज़ारों

1 क़ातिल के शुक्र के लिए

न अटखेली[1] से चल, होते हैं सदमे
दिल-ए-शैख़-ओ-बरहमन[2] पर हज़ारों

1 अदा से 2 मौलवी और पंडित

हुआ सर ख़म[1] न ज़ेर-ए-तेग़[2]-ए-जल्लाद
रहे बोझ अपनी गर्दन पर हज़ारों

1 झुकना 2 जल्लाद की तल्वार के नीचे

तिरे कुश्ता[1] हैं हम, आँखें मलेंगे
हमारे संग-ए-मदफ़न[2] पर हज़ारों

1 मारे हुए 2 क़ब्र का पत्थर

अ'जब क्या है अगर परवाने बे-शम्अ[1]
जलें 'आतिश' के मदफ़न[2] पर हज़ारों

1 बिना दीपक के 2 क़ब्र

❁

बरगश्त:-तालई'[1] का तमाशा दिखाऊँ मैं
घर को लगे जो आग तो पानी बुझाऊँ मैं

1 क़िस्मत का घुमाव, बिगड़ी क़िस्मत

जिन्स-ए-गिराँ-बहा[1] का ख़रीदार कौन है
बिकता[2] नहीं इलाही तो चोरी ही जाऊँ मैं

1 क़ीमती और नायाब चीज़

आँखें मिरी करे जो मुनव्वर[1] जमाल-ए-यार[2]
घी के चराग़ तूर[3] के ऊपर जलाऊँ मैं

1 रौशन 2 यार की ख़ूबसूरती 3 एक पहाड़ का नाम

घर में जो मुझ फ़क़ीर के वो शाह-ए-हुस्न आए
मिज़्गाँ[1] के बोरिए जो खड़े हैं बिछाऊँ मैं

1 पलक

काँटा सुखा के हिज्र[1] ने हर-चन्द[2] कर दिया
वो गुल-बदन मिले तो न फूला समाऊँ मैं

1 जुदाई 2 हालाँकि

तुम तो ग़रीब-ख़ाने[1] में आए न एक रोज़
फ़रमाइए[2] तो शब[3] को किसी वक़्त आऊँ मैं

1 मेरे घर 2 कहिए 3 रात

बारीक-बीं[1] हूँ शा'इर-ए-नाज़ुक-ख़याल हूँ
मज़्मूँ जहाँ कमर का मिले बांध लाऊँ मैं

1 बारीकियों को देखने वाला

दीवानगी ने क्या-क्या आ'लम दिखा दिए हैं
परियों ने खिड़कियों के पर्दे उठा दिए हैं

सौ बार गुल को उसने तलवों तले[1] मला है
कटवा के सर्व-ओ-शमशाद[2] अक्सर जला दिए हैं
1 पैरों के नीचे 3 ऊँचे और नायाब पेड़

इन्सान-ए-ख़ूब-रू[1] से बाक़ी रहे तफ़ावुत[2]
इस वास्ते[3] परी को दो पर लगा दिए हैं
1 ख़ूबसूरत इन्सान 2 अंतर 3 लिए

सोज़-ए-दिल-ओ-जिगर[1] की शिद्दत[2] फिर आज-कल है
फिर पहलूओं के तकिए मश्अ'ल[3] बना दिए हैं
1 दिल और जिगर की जलन 2 इन्तिहा 3 चराग़, मशाल

शम्ओं' को तूने दिल से परवानों के उतारा
आँखों से बुलबुलों की गुलशन[1] गिरा दिए हैं
1 बाग़

वो बादः-कश[1] हूँ मेरी आवाज़-ए-पा[2] को सुन कर
शीशों ने सर हुज़ूर-ए-साग़र[3] झुका दिए हैं
1 शराबी 2 पैरों की आवाज़ 3 पैमाने के सामने

ख़ार[1] मतलूब[2] जो होवे तो गुलिस्ताँ[3] माँगूँ
बिज्ली गिरने को जो जी चाहे तो बाराँ[4] माँगूँ

1 काँटे 2 ज़रूरत होना 3 चमन 4 बारिश

शम्अ' गुल[1] होवे जो सुब्ह-ए-शब-ए-हिज्राँ[2] माँगूँ
ओस पड़नी भी हो मौक़ूफ़[3] जो बाराँ माँगूँ

1 दीपक बुझ जाए 2 जुदाई की रात की सुब्ह 3 टल जाना

दे दिया कीजिए सौदाई[1] तुम्हारा हूँ मियाँ
सूंघने को जो कभी ज़ुल्फ़-ए-परेशाँ[2] माँगूँ

1 दीवाना 2 मा'शूक़ के बिखरे बाल

मेवे[1] पर बाग़-ए-जहाँ[2] में हो जो दिल को रग़बत[3]
शजर-ए-हुस्न[4] से मैं सेब-ए-ज़नख़्दाँ[5] माँगूँ

1 फल 2 दुनिया के बग़ीचे 3 ख़्वाहिश 4 हुस्न के पेड़ 5 डिंपल, ठोड़ी का गड्ढा

जाम:-ए-जिस्म[1] भी रखने का नहीं दस्त-ए-जुनूँ
पैरहन ख़ाक मैं दीवान:-ए-उ'र्यां[2] माँगूँ

1 बदन की पोशाक 2 नंगा पागल

यास-ओ-हिरमाँ[1] हों जो लोहे के चने भी तो चबाऊँ
ने'मत-ए-इ'श्क़[2] के क़ाबिल लब-ओ-दन्दाँ[3] माँगूँ

1 नाउमीदी और दुख 2 इ'श्क़ की ने'मत 3 होंठ और दाँत

कब से दर पर तिरे साइल[1] हूँ मैं 'आतिश' की तरह
वो मिले मुझको जो कुछ ऐ शह-ए-ख़ूबाँ[2] माँगूँ

1 माँगने वाला 2 हसीन औरतों की बादशाह

मिरे दिल को शौक़-ए-फ़ुग़ाँ[1] नहीं मिरे लब तक आती दुआ' नहीं
वो दहन[2] हूँ जिसमें ज़बाँ नहीं वो जरस[3] हूँ जिसमें सदा[4] नहीं

1 फ़र्याद 2 मुंह 3 कारवाँ की घंटियाँ 4 आवाज़

न तुझे दिमाग़-ए-निगाह है न किसी को ताब-ए-जमाल[1] है
उन्हें किस तरह से दिखाऊँ मैं वो जो कहते हैं कि ख़ुदा नहीं

1 हुस्न की बर्दाश्त

अ'जब उसका क्या न समाऊँ मैं जो ख़याल-ए-दुश्मन-ओ-दोस्त में
वो मक़ाम[1] हूँ कि गुज़र नहीं वो मकान हूँ कि पता नहीं

1 जगह

ये ख़िलाफ़ हो गया आस्माँ ये हवा ज़माने की फिर गई
कोई गुल खिले भी तो बूंद है, कहीं हुस्न है तो वफ़ा नहीं

मिरे आगे उसको फ़रोग़[1] हो ये मजाल क्या है रक़ीब[2] की
ये हुजूम-ए-जल्व:-ए-यार[3] है कि चराग़-ए-ख़ान:[4] को जा[5] नहीं

1 बढ़ावा 2 प्रेमिका का दूसरा प्रेमी 3 महबूब के जलवों की भीड़ 4 घर के चिराग़ 5 जगह

चलें गो कि सैकड़ों आँधियाँ जलें गर्चे लाख घर ऐ फ़लक[1]
भड़क उट्ठे आतिश-ए-तूर[2] फिर कोई इस तरह की हवा नहीं

1 आस्मान 2 तूर पहाड़ की आग

उलझा है दिल बुतों के गेसू-ए-पुर-शिकन[1] में
उगती है जा-ए-सब्ज़ा[2] कंघी मिरे चमन में

1 घुमावदार बाल 2 घास की जगह

शीरीं-ज़बाँ हुई है फ़र्हाद के दहन[1] में
लैला पुकारती है मज्नूँ के पैरहन में

1 मुंह 2 लिबास, कुर्ता, क़मीज़

इ'त्र-ए-गुलाब[1] मल कर हल्क़े[2] में यार बैठा
बुलबुल पकड़ने आया सय्याद[3] अन्जुमन में

1 गुलाब की ख़ुश्बू 2 महफ़िल 3 शिकारी

आया था बुलबुलों की तदबीर में गुलों ने
हँस-हँस के मार डाला सय्याद[1] को चमन में

1 शिकारी

इक तख़्त-ए-हफ़्त-किशवर[1] दिल्ली का है हमारे
नौ आस्माँ हैं अपने अकबर के नौ रतन में

1 सात आस्मानों का तख़्त

सहरा[1] को भी न पाया बुग़्ज़-ओ-हसद[2] से ख़ाली
साखो[3] जला है क्या-क्या फूला जो ढाक बन में

1 जंगल, रेगिस्तान 2 कपट और ईर्ष्या 3 एक पेड़

❁

दिल की कदूरतें[1] अगर इन्साँ से दूर हों
सारे निफ़ाक़[2] गब्र-ओ-मुसलमाँ[3] से दूर हों
1 मैल, गन्दगी 2 दोग़लापन 3 हिन्दू और मुस्लिम

नज़्दीक आ चुकी है सवारी बहार की
बर्ग-ए-ख़िज़ाँ-रसीदा[1] गुलिस्ताँ से दूर हों
1 पतझड़ के मारे हुए पत्ते

दिल इस क़दर गुदाज़[1] है बरसों ही ग़म रहे
आँसू जो अपने दीदा-ए-गिर्यां[2] से दूर हों
1 पिघला हुआ 2 रोती हुई आँख

फ़स्ल-ए-बहार[1] आई है कपड़ों को फाड़िए
दिल के बुख़ार दस्त-ओ-गरेबाँ[2] से दूर हों
1 बसंत का मौसम 2 हाथ और गिरेबान, हाथा-पाई

छिड़कांव का इरादा है चश्म-ए-पुर-आब[1] का
गर्द-ओ-ग़ुबार[2] कूचा-ए-जानाँ[3] से दूर हों
1 भीगी हुई आँख 2 धूल मिट्टी 3 मा'शूक़ की गली

ये तंग कर रहा है तो उलझा रहे हैं वो
दामन के पाट पहले गरेबाँ से दूर हों

गर्दिश[1] से चश्म-ए-यार[2] की 'आतिश' अ'जब नहीं
जो जो अ'मल कि गर्दिश-ए-दौराँ[3] से दूर हों
1 घूमना 2 महबूब की निगाह 3 समय चक्र

ख़ाक में मिल के भी हूँगा न ग़ुबार-ए-दामन
कमर-ए-यार से उठता नहीं बार-ए-दामन[1]
1 दामन का बोझ

न तो दुश्मन कोई मेरा न कोई मेरा दोस्त
बार-ए-ख़ातिर[1] न किसी का न ग़ुबार-ए-दामन
1 किसी के दिल के ऊपर बोझ

तेरे दीवाने हैं हम चाक-गरेबाँ तब से
जबकि रहता था तू ऐ तिफ़्ल[1] सवार-ए-दामन[2]
1 बच्चा 2 गोद में सवार

ख़ून के अपने जो छींटे पड़े उस पर क़ातिल
सैर-ए-गुलज़ार[1] दिखा देगी बहार-ए-दामन
1 बाग़ की सैर

फ़ुर्क़त-ए-यार[1] में अश्कों को मिरे रोक सके
आस्तीं का है न ये काम न कार-ए-दामन[2]
1 मा'शूक़ की जुदाई 2 दामन का काम

मौसम-ए-गुल की हवा चलते ही पाँव को मिरे
ख़ार[1] की तरह खटक जाते हैं तार-ए-दामन
1 काँटे

पाई जाती है मोहब्बत मुझे उनसे 'आतिश'
खींचते हैं मिरे दामन को जो ख़ार-ए-दामन[1]
1 दामन के काँटे

तिरी ख़ुश-चश्मी[1] का अफ़्सान: सुनाता हूँ मैं
ख़्वाब-ए-ख़रगोश[2] से आहू[3] को जगाता हूँ मैं
1 सुंदर आँखों का 2 ख़रगोश की नींद 3 हिरन

हिन्द से दूर जो का'बे को सुना है मैंने
फेर[1] खा-खा के तिरे कूचे[2] को जाता हूँ मैं
1 चक्कर 2 गली

सीन: साफ़ी से है आईने का रुत्बा हासिल
जैसा होवे कोई वैसा नज़र आता हूँ मैं

साक़िया जाम को अल्लाह सलामत रक्खे
ये क़दह[1] मेरा है ख़ैर इसकी मनाता हूँ मैं
1 प्याला

बे-नक़ाब आता है गुल-गश्त[1] को वो रश्क-ए-बहार[2]
बुलबुलों को चमनिस्ताँ[3] से उड़ाता हूँ मैं
1 बाग़ में टहलने को 2 जिससे बसंत ईर्ष्या करे 3 बाग़

साक़ी-ए-मय-कदा ने मुझको ये ख़िदमत दी है
नश्शे में मस्त जो गिरता है उठाता हूँ मैं

कू-ए-मक़्सूद के सौदे में शब-ओ-रोज़[1] 'आतिश'
जादे की तर्ह तुझे राह में पाता हूँ मैं
1 दिन और रात

बे-नियाज़ी[1] के हों कुश्ते, नाज़-पर्वर सैकड़ों
सोएँ शमशीर-ए-तग़ाफ़ुल[2] से बराबर सैकड़ों

1 निर्लिप्तता 2 उपेक्षा की तल्वार

कौन तुझ सा बादशाह-ए-वक़्त है आज ऐ सनम
किसके कूचे में फ़क़ीरों के हैं बिस्तर सैकड़ों

मैं ही अपने शौक़ का नामा[1] उसे लिखता नहीं
उड़ के ले जाने को हाज़िर हैं कबूतर सैकड़ों

1 ख़त

चश्म-ए-मा'नी-आश्ना[1] में है मक़ाम उनका वही
सह्व-ए-कातिब[2] से मुक़द्दम[3] हों मुअख़्ख़र[4] सैकड़ों

1 अर्थ समझने और पहचानने वाली आँख 2 लिपिकार की ग़लती 3 पहले
4 आख़िर

बह्र-ए-हस्ती[1] में मैं वो कश्ती हूँ जिसने बेश्तर[2]
शौक़ में गिर्दाब[3] के तोड़े हैं लंगर सैकड़ों

1 अस्तित्व / जीवन का समुन्दर 2 अक्सर 3 भँवर

दिल दिया चाहे तो 'आतिश' दिल-रुबा मौजूद हैं
ख़ूब-तर[1] से ख़ूब-तर बेहतर से बेहतर सैकड़ों

1 बहुत अच्छा

❀

दस्तरस[1] शाने[2] के मानिन्द जो पा जाते हैं
कूच:-ए-ज़ुल्फ़ में जोया-ए-बला[3] जाते हैं

1 पहुँच 2 कंघी 3 आफ़त के लिए

इख़्तियारी[1] हरकत जान न मज्बूरों की
लिए जाती है जिधर हमको क़ज़ा[2] जाते हैं

1 जान कर की हुई 2 मौत

ऐ सनम उनको कमर तक भी ख़ुदा पहुँचा दे
दोश[1] तक तो तिरे गेसू-ए-रसा[2] जाते हैं

1 कंधा 2 लम्बे बाल

वाह रे बे-बसरी[1] वाह रे ना-बीनाई[2]
सूरत-आबाद से मुश्ताक़-ए-लिक़ा[4] जाते हैं

1 दृष्टि-हीनता 2 अंधापन 3 दर्शन के अभिलाषी

ज़हर खाते हैं तलबगार-ए-शहादत[1] क़ातिल
हाथ से तेरे, तिरे बे-सर-ओ-पा[2] जाते हैं

1 बलिदान देने की कामना करने वाले 2 बे-आसरा

कुन्ज-ए-ज़िन्दाँ[1] से हुई तंग मिरी वहशत से
वो ज़मीं हफ़्त फ़लक[2] जिसमें समा जाते हैं

1 काल कोठरी 2 सातों आस्मान

रन्ज[1] याँ जिनको है 'आतिश' उन्हें वाँ राहत[2] है
ऐ ख़ुशा-हाल[3] जो दुनिया से ख़फ़ा जाते हैं

1 दुख: 2 आराम 3 मुबारक हालत उनकी

❁

गेसुओं[1] का तिरे सौदा शुअ'रा[2] रखते हैं
यही बाइस[3] है जो ये फ़िक्र-ए-रसा[4] रखते हैं
1 बालों 2 शाइ'र 3 वज्ह 4 ख़याल की पहुँच

सच तो ये है कि नहीं दूसरा तुझ सा कोई
ऐ सनम झूट न बोलेंगे ख़ुदा रखते हैं

ला-मकाँ[1] दैर-ओ-हरम[2] में नहीं हाथ आने का
पाँव तोड़ें वो जो ये सर में हवा रखते हैं
1 ख़ुदा का घर 2 मंदिर और मस्जिद

जामः-ज़ेबों[1] से मैं तश्बीह[2] गुलों[3] को क्या दूँ
जिसमें इक बन्द नहीं वो ये क़बा[4] रखते हैं
1 जिनपे कपडे अच्छे लगते हों 2 उपमा 3 फूलों 4 लिबास

जिस्म-ए-ख़ाकी के तले जिस्म-ए-मिसाली[1] भी है
इक क़बा और भी हम ज़ेर-ए-क़बा[2] रखते हैं
1 मिसाल देने लायक़ जिस्म 2 लिबास के नीचे

अपने हर शे'र में है मा'नी-ए-तह-दार[1] 'आतिश'
वो समझते हैं जो कुछ फ़हम-ओ-ज़का[2] रखते हैं
1 अर्थ की परतें 2 समझ-बूझ

ख़ाना है गन्जिफ़े[1] का हर इक क़स्र-ए-शह्र-ए-इ'श्क़[2]
घर-घर हैं बादशाहियाँ घर-घर वज़ारतें

1 ताश का खेल 2 इ'श्क़ की राह का हर महल

दीदार-ए-यार बर्क़-ए-तजल्ली[1] से कम नहीं
बन्द आँखें होंगी देंगी दुआ'ऐं बसारतें[2]

1 बिजली की रौशनी 2 दृष्टि

आँखों में अपनी दौलत-ए-बेदार[1] हैं वो ख़्वाब
होती हैं तेरे वस्ल[2] की जिनमें बशारतें[3]

1 सौभाग्य 2 मिलना 3 ख़ुशख़बरी

आ'लम को लूट खाया है इस पेट के लिए
इस ग़ार[1] में गईं हैं हज़ारों ही ग़ारतें[2]

1 गुफ़ा 2 बर्बादियाँ

बाक़ी रहेगा नाम हमारा निशाँ के साथ
अपनी भी चन्द बैतें[1] हैं अपनी इमारतें

1 शे'र

अह्ल-ए-जहाँ का हाल है क्या तुमसे क्या कहें
बद-गोईयाँ[1] हैं पीछे तो मुंह पर इशारतें

1 बुराईयाँ

'आतिश' ये शश-जिहत[1] है मगर कूच: यार का
चारों तरफ़ से होती हैं हम पर इशारतें

1 छ: दिशाओं में

❁

आ'शिक़ जो हुस्न-ए-पाक[1] में कुछ गुफ़्तुगू[2] करें
दामन का पीछे नाम लें पहले वुज़ू[3] करें
1 पवित्र सौंदर्य 2 बात-चीत 3 इबादत से पहले हाथ मुंह धोना

दीवानगी का सिलसिला जावे न हाथ से
दामन को फाड़ लें जो गरेबाँ रफ़ू[1] करें
1 सीना

दीदार आ'म कीजिए पर्दा उठाइए
ता-चन्द[1] बन्दहा-ए-ख़ुदा[2] आरज़ू करें
1 कब तक 2 ख़ुदा के बन्दे

विर्द-ए-ज़बाँ[1] है रोज़-ओ-शब उनकी सना-ए-हुस्न[2]
शायाँ[3] है जिस क़दर कि ये शाइ'र ग़ुलू[4] करें
1 जबान पर चढ़ी हुई 2 हुस्न की ता'रीफ़ 3 उपयुक्त 4 बढ़ा चढ़ा कर बात करना

तासीर-दार[1] लोग हैं अल्लाह के फ़क़ीर
संग-ए-सनम हों आब[2] जो हम ज़िक्र[3]-ए-हू करें
1 असर रखने वाले 2 पानी 3 जप

मौजूद गो[1] कि तू है मगर चाहता है शौक़
आवारः हों तलाश तिरी चार-सू[1] करें
1 हालाँकि 2 चारों तरफ़

'आतिश' ये वो ज़मीं है कि जिसमें है क़ौल-ए-दर्द
दिल ही नहीं रहा है जो कुछ आरज़ू करें

❁

मुर्दे वो ज़िन्दा करते ज़िन्दों को मारते हैं
इसको बिगाड़ते हैं उसको सँवारते हैं

मुश्ताक़-ए-हम-किनारी[1] मलते हैं हाथ क्या-क्या
तन-तन के जब वो अपना सीना उभारते हैं

1 मिलने का शौक़ रखने वाले

वो दिल-पसन्द है तू जब देखते हैं तुझको
करते हैं गुंग[1] इशारे गोया पुकारते हैं

1 गूंगा, ख़ामोश

दिन-रात खेलते हैं बा-हम क़िमार-ए-उल्फ़त[1]
वो हमसे जीतते हैं हम उनसे हारते हैं

1 मोहब्बत का जुआ

जाते हैं आ'शिक़ उसके कूचे[1] के गिर्द[2] फिरने
बह्र-ए-तवाफ़-ए-का'बा[3] हाजी सिधारते हैं

1 गली 2 आस-पास 3 काबे के चारों तरफ़ चक्कर लगाने को

दम दे उन्हें भी वो बुत उनका भी दिल पका दे
ज़ाहिद[1] कमाल अपनी शेख़ी बघारते हैं

1 सदाचारी

मर्द-ए-फ़क़ीर[1] हक़-हक़ करते हैं बोरिए पर
शे'र अपने नीस्ताँ[2] में 'आतिश' डकारते[3] हैं

1 संत लोग, भिक्षु 2 नर्कुल बाँस का जंगल 3 चीख़ कर बोलना

❁

हुनूज़[1] है कई साग़र[1] शराब शीशे में
हुनूज़[2] बाक़ी है अपना हिसाब शीशे में

1 शराब का प्याला 2 अभी तक

वो मीरज़ा-मनश[1] आ निकले शायद ऐ साक़ी[2]
शराब-ए-चीद:[3] रहे इन्तिख़ाब[4] शीशे में

1 शहज़ादों जैसी तबीअ'त वाला 2 शराब पिलाने वाला 3 विशेष शराब
4 ख़ास चुना हुआ

ज़ुलाल-नोश[1] हूँ मैं मस्त दौर में मेरे
रहेगी दुर्द[2] की मिट्टी ख़राब शीशे में

1 ख़ालिस साफ़ पीने वाला 2 तलछट, गाद

बताए रखते हैं साक़ी अगर दिया चाहे
सवाल का है हमारे जवाब शीशे में

सफ़ेद मू[1] हुए तर्क-ए-क़दह[2]-कशी कीजिए
एवज़[3] शराब के रखिए ख़िज़ाब शीशे में

1 बाल 2 शराब का छोड़ना 3 बदले

ये हमसे नश्शे में होवेगी बे-महल[1] हरकत
शराब पी के भरेंगे कबाब शीशे में

1 अनुचित

❀

सालिक[1]-ए-राह-ए-मोहब्बत[1] को पस-ओ-पेश[2] नहीं
मस्लहत-बीं[3] नहीं मैं आ'क़िबत-अन्देश[4] नहीं

1 मोहब्बत की राह का राही 2 आगे पीछे सोचना 3 मस्लहत देखने वाला 4 अन्जाम सोचने वाला

मुस्हफ़-ए-रू[1] की तिलावत[2] है निहायत मुश्किल
इसमें ऐ क़ारियो[3] ज़ेर-ओ-ज़बर-ओ-पेश नहीं

1 चेहरे की किताब 2 पढ़ना 3 पढ़ने वालों

शह्र में फिरते हैं वो सैल-ए-हवादिस[1] की तरह
कौन सा घर है ख़राबी जिसे दर-पेश[2] नहीं

1 विपत्तियों की बाढ़ 2 सामना

क़ैद मज़्हब की नहीं हुस्न-परस्तों[1] के लिए
काफ़िर-ए-इ'श्क़ हूँ मैं कोई मिरा केश[2] नहीं

1 हुस्न पूजने वाले 2 पंथ

ग़ैर के हाथ न बेचेंगे हम आईना-ए-दिल
यार जो चाहे सो दे क़ैद-ए-कम-ओ-बेश[1] नहीं

1 कम या जियादा की शर्त

निकहत-ए-गुल[1] ही नहीं जामे[2] से अपने बाहर
कौन दीवान: वो तेरा है जो बे-ख़्रेश[3] नहीं

1 फूल की ख़ुश्बू 2 लिबास, पोशाक 3 आपे में न होना

❀

बाज़ी-ए-इ'श्क़ जुज़ अन्दोह-ओ-ग़म-ओ-रन्ज[1] नहीं
खेल ले हर कोई जिसको ये वो शतरन्ज नहीं

1 ग़म और दुख के सिवा

फेर कर मुंह को दिखाते हैं वो ज़ुल्फ़ें या'नी
साँप पालू[1] तो हैं मौजूद मगर गन्ज[2] नहीं

1 पला हुआ साँप 2 ख़ज़ाना

हाथ मलता हूँ जो मैं देख के सीने का उभार
कहते हैं तोड़िए जिनको ये वो नारन्ज[1] नहीं

1 संगतरः, संतरा, नारंगी

तुम ख़फ़ा हमसे हो हम तुमसे नहीं आज़ुर्दा[1]
हमसे है रंज तुम्हें तुमसे हमें रन्ज नहीं

1 पीड़ित, उदास, नाराज़

दिल से आती है मोहब्बत के जुए में ये सदा
जान पर खेलने वालों को शश-ओ-पन्ज[1] नहीं

1 अनिर्णय की स्थिति

ग़ज़ल-ए-ख़्वाजा है मत्लब को पहुँच ऐ 'आतिश'
नालः-ए-बे-असर[1]-ए-मुर्ग़-ए-नवा-सन्ज[2] नहीं

1 वो फ़र्याद जिसका असर न हो 2 चहचहाता हुआ परिंदा

❀

फ़िक्र में मज़्मून-ए-आ'ली का जो दिल आमादः हो
दस्त-बस्ता[1] बाम[2] पर हर सर्व-ओ-क़द[3] इस्तादः[4] हो

1 हाथ जोड़कर 2 छत, अटारी 3 अच्छे ऊँचे क़द वाला 4 तैयार होना

फिर भी वक़्त-ए-फ़िक्र[1] हम बांधें हिना-ए-दस्त-ए-यार[2]
लाख ये मज़्मून-ए-रंगीं[3] पेश-पा उफ़्तादः[4] हो

1 सोचने के वक़्त 2 महबूब के हाथ की मेंहदी 3 रंगीन ख़याल 4 पहले इस्तेमाल किया हुआ

इ'श्क़ पैदा कर किसी मस्ताना आँखों का दिला
ख़ानः-ए-तारीक[1] में रौशन चराग़-ए-बादः[2] हो

1 अँधेरा घर 2 जाम की रौशनी

आस्तान-ए-दैर[1] तक जावे तू ऐ का'बा-नशीं
पर्दः-ए-बाब-ए-सनम[2]-ख़ाना तेरा सज्जादः[3] हो

1 मंदिर की चौखट 2 मंदिर के दरवाज़े का पर्दा 3 किसी बड़े फ़क़ीर की गद्दी

इ'श्क़ होने में नहीं अदना-ओ-आ'ला[1] की तमीज़[2]
ख़ूबसूरत हो गदाज़ादा[3] हो या शहज़ादः हो

1 छोटा-बड़ा 2 फ़र्क़ 3 भिखारी की औलाद

आश्ना[1] चश्म-ए-सुख़न्दाँ[2] से रहे मेरा कलाम
मन्ज़िल-ए-मक़्सूद[3] की हर सत्र-ए-दीवाँ जादः[4] हो

1 परिचित 2 सहित्य की समझ रखने वाली की नज़र 3 मनचाही मन्ज़िल 4 कविता संग्रह की पंक्ति

सब्ज़ पैराहन[1] में रंग-ए-सुर्ख़[2] यूँ है यार का
जैसे मीना-ए-ज़ुमर्रुद-गूँ[3] में गुल-गूँ बादः[4] हो

1 हरे रंग का लिबास 2 लाल रंग 3 हरे रंग के पत्थर से बनी सुराही 4 फूलों के रंग जैसी शराब

❁

तूल-ए-शब-ए-फ़िराक़[1] का क़िस्सा बयाँ न हो
ख़त यार को लिखूँ तो सियाही रवाँ[2] न हो

1 जुदाई की लम्बी रात 2 जारी होना

मारा है ज़ब्त[1] ने मुझे इ'श्क़-ए-हबीब[2] में
मुर्दा मेरा जलाएँ तो उसमें धुआँ न हो

1 संयम 2 महबूब के इ'श्क़ में

सूरत कोई सफ़ाई[1] की अब ऐ सनम नहीं
जब तक हमारे तेरे ख़ुदा दर्मियाँ[2] न हो

1 सुलह सफ़ाई 2 बीच में

यार आँख भी चुराए तो साबित न कर सकें
चोरी का बादशाह के ऊपर गुमाँ[1] न हो

1 भ्रम

ऐ आस्माँ नुमूद[1] नहीं हमको चाहिए
बा'द-ए-फ़ना[2] मज़ार[3] का अपने निशाँ न हो

1 प्रकट होना 2 मरने के बा'द 3 क़ब्र

बुलबुल हज़ार ज़िब्ह[1] हों टूटे न एक गुल
सय्याद[2] हो चमन में मगर बाग़बाँ[3] न हो

1 क़त्ल 2 शिकारी 3 माली

आ'शिक़ तिरी गली में बहुत ख़ाक[1] उड़ाते हैं
इस सरज़मीं के गिर्द[2] कहीं आस्माँ न हो

1 मिट्टी 2 आस-पास

दैर-ओ-हरम[1] में शैख़-ओ-बरहमन[2] रहें ख़राब
मिलता है वो कहाँ कहीं जिसका मकाँ[3] न हो

1 मंदिर और मस्जिद 2 मौलवी और पंडित 3 यानी ख़ुदा

नालों[1] की बह्स का किसे 'आतिश' दिमाग़ है
या हम न होवें या जरस-ए-कारवाँ[2] न हो

1 रोना-धोना 2 कारवाँ की घंटियाँ

कीजिए साबित दहान-ए-रू-ए-रश्क[1]-ए-माह[2] को
कान मुद्दत से सुना करते हैं इस अफ़्वाह को

1 मुंह 2 वो चेहरा जिससे चाँद को ईष्र्या हो

कूच:-ए-महबूब[1] में आँखों ने अपनी बारहा[2]
सुर्मे की क़ीमत लिया है मोल गर्द-ए-राह[3] को

1 मा'शूक़ की गली 2 कई बार 3 रास्ते की धूल

हम फ़क़ीरों को तमन्ना है यही ऐ शाह-ए-हुस्न
झाड़िए जारूब-ए-मिज़्गाँ[1] से तिरी दर्गाह को

1 पलकों की झाड़ू

बाहर उससे हम नहीं जो कुछ हमारी है बिसात[1]
जान हाज़िर है जो हो मतलूब[2] उस दिल-ख़्वाह[3] को

1 क्षमता, हौसला 2 चाहिए हो 3 दिल को जो पसंद हो

बरहमन हासिल है तुझको जिस तरह बुत का हुज़ूर[1]
इस तरह पाऊँ तो फिर छोड़ूँ न मैं अल्लाह को

1 सामना, उपस्थिति

भागता है अपनी आँखों से ख़याल-ए-रू-ए-यार[1]
किस तरह आग़ोश में रखता है हाला[2] माह[3] को

1 मा'शूक़ के चेहरे का ख़याल 2 रौशनी का घेरा 3 चाँद

रूप दिखला कोई तू हमको नया ऐ आस्माँ
याद क्या आँखें करेंगी इस तमाशा-गाह[1] को

1 तमाशे की जगह

फ़िक्र-ए-रंगीं[1] ने तुम्हें मुफ़्लिस[2] किया तो क्या अ'जब
ये उरूस[3] 'आतिश' गदा[4] कर देती है नौ-शाह[5] को

1 रंगीन ख़याल, कल्पना 2 दरिद्र 3 दुल्हन 4 भिखारी 5 वर, दूल्हा

क्या बादः-ए-गुल-गूँ[1] से मस्रूर किया दिल को
आबाद रखे दाता साक़ी तिरी महफ़िल को

1 सुर्ख़ शराब

मुश्ताक़[1] जो होता हूँ का'बे की ज़ियारत[2] का
आँखें फिरी जाती हैं तौफ़-ए-हरम-ए-दिल[3] को

1 शौक़ होना, अभिलाषी 2 देखने का 3 दिल के काबे की परिक्रमा

नज़्ज़ारः-ए-सूरत[1] से मा'नी[2] का ख़याल आया
लैला के हुए मज्नूँ हम देख के महमिल[3] को

1 सूरत देख कर 2 अर्थ 3 हौदा

आब-ए-दम-ए-तेग़[1] आब-ए-अंगूर[2] है ऐ क़ातिल
मस्तों[3] की तरह पाता हूँ रक़्स[4] में बिस्मिल[5] को

1 तल्वार की धार 2 शराब 3 शराबियों 4 नाच में 5 ज़ख़्मी, मरा हुआ

सौदाइयों की तेरे रूह आई है क़ालिब[1] में
ऐ ज़ुल्फ़-ए-सियह[2] सुन कर आवाज़-ए-सलासिल[3] को

1 शरीर 2 काले बाल 3 ज़न्जीरों की आवाज़

कुश्ता[1] न हो दिल क्यों-कर अल्लाह ने भेजा है
शमशीर[2] से दो अब्रू[3] देकर मिरे क़ातिल को

1 मारा हुआ 2 तल्वार 3 भवें

जो चाहे सो माँग 'आतिश' दर्गाह-ए-इलाही[1] से
महरूम[2] कभी फिरते देखा नहीं साइल[3] को

1 ख़ुदा के घर से 2 वंचित 3 माँगने वाला

❁

बे-क़रारी में मिरी यार असर पैदा हो
सर को दीवार से टकराऊँ तो दर[1] पैदा हो

1 दरवाज़ा

ख़ुश-जमालों[1] से ज़माना नहीं रहता ख़ाली
मह्‌र[2] पिन्हाँ[3] हो नज़र से तो क़मर[4] पैदा हो

1 ख़ूबसूरतों 2 सूरज 4 छिप जाना 4 चाँद

शे'र-गोई[1] में मिरी तबा'[2] को दिक़्क़त है पसन्द
ख़ुश्की-ए-लब[3] हो तो इक मिस्र:-ए'-तर[4] पैदा हो

1 शे'र कहना 2 मिज़ाज 3 होंठों की ख़ुश्की 4 ताज़ा मिस्रा'

बे-नुमूदों[1] को भी हो शौक़ नुमूदारी[2] का
नाफ़[3] की तरह वो मा'दूम[4] कमर पैदा हो

1 जिनका अस्तित्व न हो 2 प्रकट होने का शौक़ 3 नाभि 4 ग़ायब

मुझ मुसाफ़िर की तो सूरत न किसी ने देखी
मैं तो पोशीदा रहा गर्द-ए-सफ़र[1] पैदा हो

1 सफ़र की धूल

बाग़-ए-आ'लम[1] में हवा चलती है वो वहशत-ख़ेज़[2]
सूरत-ए-बेद[3] हो मज्नूँ जो शजर पैदा हो

1 दुनिया का बाग़ 2 ख़ौफ़नाक 3 एक पेड़ की तरह जिसकी टहनियाँ झुकी हुई होती है

मेरे अश्आ'र गुल-अन्दाम[1] पढ़ें ऐ 'आतिश'
फ़िक्र-ए-रंगीं[2] में मिरे रंग-ए-असर[3] पैदा हो

1 फूलों की तरह हसीन 2 रंगीन कल्पना 3 असर का रंग

❀

ठोकरें मार के मुर्दों को जिलाते[1] न चलो
रश्क[2] से ख़ाक[3] में ज़िन्दों को मिलाते न चलो

1 जिन्दा करना 2 ईर्ष्या 3 मिट्टी

बर्क़-ए-शमशीर[1] की अच्छी नहीं चालें चलनी
राह[2] को काटते जादे[3] को जलाते न चलो

1 तल्वार की तेज़ी 2 रास्ता 3 पगडंडी

गिरे पड़ते हैं कुएँ और गढ़ों में रह-गीर[1]
ज़क़न-ओ-नाफ़[2] के आ'लम को दिखाते न चलो

1 राही, मुसाफ़िर 2 ठोड़ी और नाभि

दो क़दम साथ जो चलता हूँ मैं गिर्यां[1] उनके
यही फ़रमाते हैं हँस-हँस के हँसाते न चलो

1 रोते हुए

गोशमाली[1] दो न गुल-गश्त[2] में गुल को प्यारे
तिफ़्ल-ए-गुन्चा[3] है ग़रीब उसको डराते न चलो

1 कान मरोड़ना 2 बगीचे में चलना 3 कली का बच्चा

उनसे कह दे कोई आते हैं जो ये लक्का-ए-अब्र[1]
चश्म[2]-ए-'आतिश' की तरह आँसू बहाते न चलो

1 बादल के टुकड़े 2 आँख

❋

हँसना ही ख़ुश आया न तो रोना मिरे दिल को
मीठा ही न भाया न सलोना[1] मिरे दिल को

1 नमकीन

इक्सीर[1] से बेहतर है दर-ए-यार की मिट्टी
मन्ज़ूर न चाँदी है न सोना मिरे दिल को

1 जिसके छूने से दूसरी धातुएँ सोना बन जाएँ

बस हो तो अभी चीर के पहलू को निकल जाए
रखता है बहुत तंग ये कोना मिरे दिल को

बाज़ीचः-ए-हस्ती[1] में वो मज्नून[2] परी हूँ
अत्फ़ाल[3] समझते हैं खिलौना मिरे दिल को

1 अस्तित्व / जीवन के खेल का मैदान 2 पागल 3 बच्चे

कुछ ख़ाक उड़ाने से नहीं मिलने का 'आतिश'
बेकार ये मिट्टी का है ढोना मिरे दिल को

निकलती किस तरह है जान-ए-मुज़्तर[1] देखते जाओ
हमारे पास से जाओ तो फिर-कर[2] देखते जाओ
1 बेचैन जान 2 मुड़ कर

जिधर जाते हो हर घर में से ये आवाज़ आती है
मसीहा[1] हो जो बीमारों को दम भर[2] देखते जाओ
1 इ'लाज करने वाला, मुर्दे में जान डालने वाला 2 थोड़ी दैर

क़दम अन्दाज़ से बाहर हुए जाते हैं साहब के
सितम रफ़्तार[1] में करती है ठोकर देखते जाओ
1 चलने की तेज़ी

मिलें वो राह में अबकी तो कहता हूँ जो हो सो हो
दिखा दो घर मुझे अपना मिरा घर देखते जाओ

न फेरो उससे मुंह 'आतिश' जो कुछ दर-पेश[1] आ जाए
दिखाता है जो आँखों को मुक़द्दर देखते जाओ
1 सामने

गुलज़ार तिरा तुझको मुबारक रहे बुलबुल
बुलबुल तिरे गुलज़ार से क्या काम है हमको

दीवाने हैं सहरा-ए-जुनूँ-ख़ेज़[1] महल है
बाम-ओ-दर-ओ-दीवार[2] से क्या काम है हमको

1 जुनून से भरा रेगिस्तान 2 छत, दरवाज़ा, दीवार

काफ़ी है हमारे लिए दिल ही का इशारा
रम्माल[1] से जफ़्फ़ार[2] से क्या काम है हमको

1 जो आँकड़े के आधार पर भविष्यवाणी करता है 2 ज्योतिषी

जब जोश-ए-जुनूँ[1] ने हमें घर ही से निकाला
फिर साया-ए-दीवार से क्या काम है हमको

1 दीवानगी के जोश

मरता हूँ जो कहता हूँ तो कहते हैं वो हँस कर
ई'सा नहीं, बीमार से क्या काम है हमको

है निराली कशिश-ए-इ'श्क़-ए-जफ़ा-कार[1] की राह
चाह[2]-ए-कनआँ[3] में मिली मिस्र के बाज़ार की राह

1 अत्याचार करनेवाला 2 कुआँ 3 एक जगह का नाम

शोहरः-ए-हुस्न[1] ने दीदार का मुश्ताक़[2] किया
निकहत-ए-गुल[3] ने बताई मुझे गुलज़ार की राह

1 हुस्न की चर्चा, शोहरत 2 चाहने वाला 3 फूलों की ख़ुश्बू

तंग-दस्ती[1] ने ज़माने में ये पाया है रिवाज
यूसुफ़ इस अ'ह्द[2] में तकता है ख़रीदार की राह

1 ग़रीबी 2 ज़माना

लब-ए-बाम[1] आ के जो दीदार[2] करे आ'म[3] वो शोख़
एक हो जाए अभी काफ़िर-ओ-दींदार[4] की राह

1 छत पे आ कर 2 दर्शन 3 सब के लिए 4 काफ़िर और मुसलमान

प्यार से कहते हैं उनको जो मसीहा आ'शिक़
नाज़ से चलते नहीं ख़ानः-ए-बीमार[1] की राह

1 बीमार का घर

ई'द होगी रमज़ाँ जाएगा ऐ बादः-कशो[1]
बन्द रहने की नहीं ख़ानः-ए-ख़ुम्मार[2] की राह

1 शराबी 2 शराबख़ना

ग़ैर-ए-हक़ को मैं समझता हूँ ख़याल-ए-बातिल[1]
'आतिश' इक दिल में नहीं होती है दो-चार की राह

1 ग़लत ख़याल

देखा है सुबू[1] को जो धरे सर के तले हाथ
याद आया है साक़ी[2] का वो साग़र[3] के तले हाथ

1 शराब का मटका 2 शराब पिलाने वाला 3 शराब, प्याला

दामन का ख़याल आता है जब जेब-दरी[1] में
दीवानों के हो जाते हैं ऊपर के तले[2] हाथ

1 जेब फाड़ना 2 ऊपर नीचे, गिरफ़्तार होना

तब्दील शब-ए-वस्ल[1] से हो रोज़-ए-जुदाई[2]
बालिश[3] के ए'वज़[4] हो सर-ए-दिलबर[5] के तले हाथ

1 मिलने की रात 2 जुदाई का दिन 3 तकिया 4 बदले 5 महबूब के सर

मस्ती में तलबगार तू साक़ी से है मय का
काटूँगा मैं काँपेगा जो साग़र के तले हाथ

सहरा[1] को चलो चाक-गरेबाँ[2] करो 'आतिश'
लंगर में न हैं पाँव न पत्थर के तले हाथ

1 वीराना, रेगिस्तान 2 लिबास का आगे से फटा होना

❁

पास दिल रखता है मन्ज़ूर-ए-नज़र हर आइना
नेक-ओ-बद[1] से पेश आता है बराबर आइना

1 अच्छे-बुरे

जब न तब[1] चढ़ता है उस क़ातिल के मुंह पर आइना
टुकड़े-टुकड़े होवेगा इक दिन मुक़र्रर[2] आइना

1 कभी भी 2 नियुक्त, निर्धारित

हो के उस शमशीर-ए-अब्रू[1] के मुक़ाबिल[2] बच चुका
ऐसा क्या पहने हुए है ख़ोद-ओ-बक्तर[3] आइना

1 भौं की तल्वार 2 सामने 3 टोप और कवच

आँख भर कर एक दिन देखा न रू-ए-साफ़-ए-यार[1]
मैं वो मुफ़्लिस[2] हूँ नहीं जिसको मयस्सर आइना

1 यार का चेहरा 2 ग़रीब

रू-ब-रू-ए-यार[1] होते ही ज़बाँ होती है बन्द
किस तरह तूती को करता है सुख़नवर[2] आइना

1 यार के सामने 2 शाइ'र, बोलने वाला

अब ज़मीं पर पाँव भी रख कर नहीं चलता है यार
कर चुका आरास्ता[1] उसको मुक़र्रर आइना

1 सजा हुआ

हर्ज़ः-गोई[1] से तेरी हैरत हुई 'आतिश', ख़मोश
ख़ुद-पसन्दी[2] ता-कुजा[3] अब ताक़ पर धर आइना

1 बेकार बातें 2 अपने आप को पसंद करना 3 कहाँ तक

❁

मा'शूक़ नहीं कोई हसीं तुमसे ज़ियादा
मुश्ताक़ हैं किस माह[1] के अन्जुम[1] से ज़ियादा

1 चाँद 2 सितारे

क्या कहिए तिरे आ'शिक़-ए-बेताब[1] हैं कितने
ज़र्रों[2] से ज़ियादा हैं ये अन्जुम से ज़ियादा

1 बेचैन आ'शिक़ 2 कण

अंधेर है दिल पिसते हैं सुर्मे की तरह से
आँखें न लड़ाया करो मर्दुम[1] से ज़ियादा

1 लोगों, आँख की पुतली

हस्रत की निगाहों से अ'याँ[1] हाल है मेरा
गोया[2] हूँ ख़मोशी में तकल्लुम[3] से ज़ियादा

1 जाहिर 2 बोलता हूँ 3 बात-चीत करना

बिजली को जला देंगे वो लब दाँत दिखा कर
शुग़ल[1] आजकल उनको है तबस्सुम[2] से ज़ियादा

1 काम 2 मुस्कुराहट

कहता है वो शोख़[1] आईने में अ'क्स[2] से 'आतिश'
तुम हमसे ज़ियादा हो तो हम तुमसे ज़ियादा

1 चंचल मा'शूक़ 2 आकृति

❁

ऊँचा हो लाख ताड़[1] से भी सर्व[2] चार हाथ
रुत्बा बुलन्द है तिरे क़द का हज़ार हाथ

1 एक पेड़ का नाम 2 एक बहुत ऊँचा पेड़

दामन छुड़ा के जबसे गया है वो बे-वफ़ा
दाँतों से काटता हूँ मैं बे-इख़्तियार[1] हाथ

1 बेक़ाबू

दो को कमर में दो तिरी गर्दन में डालता
देता जो ऐ सनम मुझे अल्लाह चार हाथ

रुख़्सार:-ए-सनम[1] से उलट कर नक़ाब को
दिखला रही है क़ुदरत-ए-पर्वरदिगार[2] हाथ

1 सनम का चेहरा 2 अल्लाह की क़ुदरत

चप्पी शब-ए-विसाल[1] सहर[2] तक किया किए
पा-ए-हबीब[3] के रहे ख़िदमत-गुज़ार[4] हाथ

1 मिलन की रात 2 सुब्ह 3 महबूब के पाँव 4 नौकर

ज़न्जीर को बहार में तोड़ा न तौक़[1] को
गर्दन से और पाँव से है शर्मसार[2] हाथ

1 हथकड़ी 2 शर्मिन्दा

❁

ख़ुशा[1] वो दिल कि हो जिस दिल में आरज़ू तेरी
ख़ुशा दिमाग़ जिसे ताज़ा रक्खे बू[2] तेरी
1 वाह वो दिल 2 ख़ुश्बू

वो गुल हूँ मैं कि तिरा रंग जिससे ज़ाहिर है
वो गुन्चा[1] हूँ कि बग़ल में है जिसकी बू तेरी
1 कली

फिरे हैं मशरिक़-ओ-मग़िरब[1] से ता-जुनूब-ओ-शुमाल[2]
तलाश की है सनम हमने चार-सू[3] तेरी
1 पूरब और पश्चिम 2 उत्तर और दक्षिण तक 3 चारों तरफ़

मेरी तरफ़ से सबा[1] कहियो मेरे यूसुफ़ से
निकल चली है बहुत पैरहन[2] से बू[3] तेरी
1 अच्छी हवा 2 लिबास 3 ख़ुश्बू

रहा न शुबहः हमें उसके हल्क़ः[1] होने से
ये उ'क़्दः[2] नाफ़ ने खोला कमर है मू[3] तेरी
1 कड़ी, घेरा 2 गाँठ 3 बाल की तरह बारीक

शब-ए-फ़िराक़[1] में ऐ रोज़-ए-वस्ल[2] ता-दम-ए-सुब्ह[3]
चराग़ हाथ में है और जुस्तुजू[4] तेरी
1 जुदाई की रात 2 मिलने का दिन 3 सुब्ह तक 4 तलाश, कोशिश

ये चाक-ए-जेब[1] के हक़ में दुआ-ए'-मज्नूँ है
न हो वो दिन कि दुरुस्ती[2] करे रफ़ू[3] तेरी
1 जेब की फटन 2 ठीक करे 3 फटे कपड़े की सिलाई

बन्द-ए-नक़ाब-ए-आ'रिज़-ए-दिलदार[1] तोड़िए
बाग़-ए-मुराद-ए-इ'श्क़[2] की दीवार तोड़िए

1 महबूब के गालों पर पड़ी नक़ाब की गिरह 2 इ'श्क़ की मुराद का बाग़

वो दर्द-दोस्त[1] हैं जो ख़ुदा हमको ज़ख़्म दे
सौ बार टाँके खाइए सौ बार तोड़िए

1 पीड़ा पसंद करने वाले

गर्दन ही अपनी दोश पर अपने वबाल[1] है
क्या छीन कर हरीफ़[2] की तल्वार तोड़िए

1 मुसीबत 2 दुश्मन

बोसे किसी के चेहरा-ए-रंगीं[1] के लीजिए
इक दिन तो फूल बाग़ से दो-चार तोड़िए

1 ख़ूबसूरत चेहरा

इन्साँ को पास-ए-ख़ातिर-ए-नाज़ुक[1] ज़रूर है
शीशा शराब का भी न ज़िन्हार[2] तोड़िए

1 नाज़ुक मिजाजी का ख़याल 2 हर्गिज़

ना-मर्द आस्माँ से गवारा है किसको जंग
'आतिश' सिपर[1] को चीरिए तल्वार तोड़िए

1 ढाल

❀

हस्रत-ए-जल्वः-ए-दीदार लिए फिरती है
पेश-ए-रौज़न[1] पस-ए-दीवार[2] लिए फिरती है
1 खिड़की के सामने 2 दीवार के पीछे

इस मशक़्क़त[1] से इसे ख़ाक न होगा हासिल
जाँ अबस जिस्म की बेगार[2] लिए फिरती है
1 मेहनत 2 बिना मज्दूरी का काम

देखने देती नहीं उसको मुझे बे-होशी
साथ क्या अपने ये दीवार लिए फिरती है

माल-ए-मुफ़्लिस[1] मुझे समझा है जुनूँ ने शायद
वहशत-ए-दिल[2] सर-ए-बाज़ार[3] लिए फिरती है
1 ग़रीब का माल 2 दिल की बेचैनी 3 बाज़ार में

का'बः-ओ-दैर[1] में वो ख़ानः-बर-अन्दाज़[2] कहाँ
गर्दिश[3]-ए-काफ़िर-ओ-दींदार लिए फिरती है
1 मंदिर और मस्जिद 2 घर उजाड़ने वाला, मा'शूक़ 3 चक्कर

दर-ए-यार[1] आए ठिकाने लगे मिट्टी मेरी
दोश[2] पर अपने सबा बार लिए फिरती है
1 यार के दरवाज़े 2 काँधों पर

किसी सूरत से नहीं जाँ को क़रार ऐ 'आतिश'
तपिश-ए-दिल[1] मुझे लाचार लिए फिरती है
1 दिल की जलन

❁

मौत माँगूँ तो रहे आरज़ू-ए-ख़्वाब मुझे
डूबने जाऊँ तो दरिया मिले पायाब[1] मुझे

1 कम गहरा

मेरी ईज़ा[1] के लिए मुर्दे में जान आती है
काटने दौड़ती है माही-ए-बे-आब[2] मुझे

1 तक्लीफ़ 2 पानी से निकली हुई मछली

हूँ तसव्वुर[1] में सफ़ा-ए-बदन-ए-यार[2] के ग़र्क़[3]
हल्क़ः-ए-नाफ़[4] हुआ हल्क़ः-ए-गर्दाब[5] मुझे

1 कल्पना 2 महबूब के बदन की सफ़ाई 3 डूबा हुआ 4 नाभि का घेरा 5 भँवर

जोश से अश्कों के फिर जाएगा इस पर पानी
खींच ले जाएगा दरिया में ये सैलाब मुझे

दैर-ओ-का'बा[1] में उन आँखों से नहीं हल्क़ः-ए-दर[2]
कोई अब्रू[3] से दिखाता नहीं मेहराब[4] मुझे

1 मंदिर और मस्जिद 2 दरवाज़े के कंगूरे 3 भौंह 4 कंगूरेदार दरवाज़ा

चैन लेने न दिया दर्द-ए-जुदाई ने कभी
कब मैं सोया कि जगाया नहीं बद-ख़्वाब[1] मुझे

1 बुरा ख़्वाब

क्या-क्या न रंग तेरे तलबगार[1] ला चुके
मस्तों[2] को जोश सूफ़ियों को हाल[3] आ चुके

1 इच्छुक, माँगने वाला 2 शराबी 3 आनंद में झूमना

हस्ती को मिस्ल-ए-नक़्श-ए-कफ़-ए-पा[1] मिटा चुके
आ'शिक़ नक़ाब-ए-शाहिद-ए-मक़सूद[2] उठा चुके

1 पाँव के निशान की तरह 2 उस महबूब की नक़ाब जिसकी कामना है

का'बे[1] से दैर[2] दैर से का'बे को जा चुके
क्या-क्या न इस दो-राहे में हम फेर खा चुके

1 मस्जिद 2 मंदिर

गुस्ताख़ हाथ तौक़-ए-कमर[1] यार के हुए
हद्द-ए-अदब[2] से पाँव को आगे बढ़ा चुके

1 कमर को हाथों में लेना, कमर की बेड़ी 2 आदर की सीमा

पैमान: मेरी उ'म्र का लब्रेज़[1] हो कहीं
साक़ी मुझे भी अब तो पियाला पिला चुके

1 पूरा भर जाना

सदमों ने इ'श्क़-ओ-हुस्न के दम[1] कर दिया फ़ना[2]
'आतिश' सज़ा गुनाह-ए-मोहब्बत की पा चुके

1 जान 2 मिटा देना

ज़लज़ला[1] गाह[2] गहे चश्मा-ए-ख़ूँ[3] जारी है
गोर[4] पर भी मिरे मुरदे[5] का क़दम भारी है

1 भूकंप 2 कभी 3 कभी ख़ून का सोता 4 क़ब्र 5 लाश

दूर "इतना भी बस ऐ मन्ज़िल-ए-मक़्सूद[1] न खींच
थक गया लाख मैं, हिम्मत तो नहीं हारी है

1 मनचाही मन्जिल

शाक़[1] क्यों-कर न हो आ'शिक़ को जुदाई तेरी
कौन है वो कि जिसे जान नहीं प्यारी है

1 बुरा लगना

रात आराम से कटती है न दिन राहत से
ज़िन्दगानी-एं-दो-रोज़ा[1] मुझे बीमारी है

1 दो रोज़ की ज़िन्दगी

वस्ल[1] में हिज्र[2] का धड़का है बजा आ'शिक़ को
चार दिन चाँदनी है चार दिन अंधियारी है

1 मिलन 2 जुदाई

नहीं मा'शूक़ जो आतिश नहीं मेरा मत्लूब[1]
सिक्कः-ए-इ'श्क़ मिरे नाम पर अब जारी है

1 जिसकी मुझे कामना हो

ये आरज़ू थी तुझे गुल[1] के रू-ब-रू[2] करते
हम और बुलबुल-ए-बेताब गुफ़्तुगू[3] करते

1 फूल 2 आमने-सामने 3 बात करना

पयाम-बर[1] न मयस्सर[2] हुआ तो ख़ूब हुआ
ज़बान-ए-ग़ैर[3] से क्या शरह-ए-आरज़ू[4] करते

1 संदेशवाहक 2 उपलब्ध, प्राप्ता 3 किसी और की ज़बान से 4 आरज़ू को बताना

मिरी तरह से मह-ओ-मह्‌र[1] भी हैं आवारा
किसी हबीब[2] की ये भी हैं जुस्तुजू करते

1 चाँद और सूरज 2 महबूब

हमेशा रंग ज़माना बदलता रहता है
सफ़ेद रंग हैं आख़िर सियाह मू[1] करते

1 काले बाल

लुटाते दौलत-ए-दुनिया को मयकदे[1] में हम
तलाई[2] साग़र-ए-मय नुक़रई[3] सुबू[4] करते

1 शराबख़ाना 2 सोने का 3 चाँदी का 4 शराब का मटका

हमेशा मैंने गरेबाँ को चाक-चाक किया
तमाम उ'म्र रफ़ू-गर[1] रहे रफ़ू करते

1 सिलाई करने वाले

न पूछ आ'लम-ए-बर्गश्ता-तालई[1] 'आतिश'
बरसती आग जो बाराँ[2] की आरज़ू करते

1 क़िस्मत की ख़राबी का आ'लम 2 बरसात

❁

रौज़न-ए-दीवार[1] चश्मों को बनाया चाहिए
ख़ानगी मा'शूक़ से आँखें लड़ाया चाहिए

1 दीवार की खिड़की

उसके कूचे[1] के तसव्वुर में ग़श[2] आया है मुझे
आस्तान-ए-यार[3] की मिट्टी सुंघाया चाहिए

1 गली 2 बेहोश होना 3 यार की चौखट

वा'दः-ए-दीदार[1] आता है उलटता है नक़ाब
टकटकी बांधें ये आँखों को सुझाया[2] चाहिए

1 दर्शन का वा'दा 2 समझाना

गुफ़्तुगू अल्लाह ने मूसा से की है ऐ सनम
हमको भी आवाज़ पर्दे से सुनाया चाहिए

एक राह-ए-इत्तेहाद[1] ऐ दिल ये है जो हो सके
याद में उसकी दो आ'लम[2] भूल जाया चाहिए

1 मिलने का रास्ता 2 सब कुछ, दोनों जहाँ

सैर-ए-दरिया नश्शे के आ'लम में देखेगा वो शोख़
कश्ती-ए-मय[1] घाट पर साक़ी लगाया चाहिए

1 शराब की कश्ती

ख़ाक होने से दर-ए-दिलदार[1] ने जा[2] दी मुझे
हो गई इक़बाल[3] आख़िर मेरी बर्बादी मुझे

1 महबूब का दरवाज़ा 2 जगह 3 बुलन्दी, अच्छी क़िस्मत

तर्क करना[1] जाम:-ए-तन[2] का है याँ तर्क-ए-लिबास
रूह की क़ालिब[3] से आज़ादी है आज़ादी मुझे

1 छोड़ना, उतारना 2 बदन के कपड़े 3 जिस्म

रोज़-ओ-शब[1] रहती है मुर्ग़ान-ए-मज़ामीं[2] की तलाश
फ़िक्र से करना पड़े है कार-ए-सय्यादी[3] मुझे

1 दिन और रात 2 विषयों के परिन्दे 3 शिकारी का काम

किस क़दर आदम को थी वाबस्तगी[1] हव्वा के साथ
हुस्न-ए-आ'लमगीर[2] से है इ'श्क़-ए-बुनियादी मुझे

1 लगाव 2 दुनिया को गिरफ़्तार करने वाला हुस्न

दिल गुज़र-गाह-ए-हसीनाँ[1] था तसव्वुर से कभी
याद इस वीराने की आती है आबादी मुझे

1 हसीनों का रास्ता

मैंने फ़न्न-ए-शे'र[1] ऐ 'आतिश' पढ़ाया है तुझे
तुझको शागिर्दी है ज़ेबा और उस्तादी मुझे

1 शाइ'री का फ़न

❁

अ'र्स-ए-रू-ए-ज़मीं[1] सह्न-ए-गुलिस्ताँ रोके
चार दीवार चमन सारा ये मैदाँ रोके

1 ज़मीन का क्षेत्र

बर्क़-रफ़्तार[1] हूँ मन्ज़िल है मिरे ज़ेर-ए-क़दम[2]
अब्र[3] घेरे मुझे हर-चन्द कि बाराँ[4] रोके

1 बिजली की गति 2 पाँव के नीचे 3 बादल 3 बरसात

जो ख़लिश[1] आब्लों[2] से होना हो सहरा[3] ही में हो
रास्ते में न मुझे ख़ार-ए-मुग़ीलाँ[4] रोके

1 खटक 2 पाँव के छाले 3 जंगल, रेगिस्तान 4 नोकदार काँटे

कूचा-ए-तंग[1] में मिलता है तो कहता है वो शोख़
मर्द है वो कि जो हमको सर-ए-मैदाँ[2] रोके

1 छोटी गली 2 मैदान में, खुल्लम-खुल्ला

शौक़-ए-सहरा से नहीं पाँव ज़मीं पर पड़ते
किसको ठहराए उलझ कर किसे दामाँ[1] रोके

1 दामन

हँसते हैं गुल की तरह अह्ल-ए-जहाँ[1] क्या 'आतिश'
मिस्ल-ए-शबनम[2] गए इस बाग़ से मेहमाँ रो के

1 दुनिया वाले 2 ओस की तरह

❁

तस्वीर खींची उसके रुख़-ए-सुर्ख़-फ़ाम[1] की
इक सफ़्हे[2] में क़लम ने गुलिस्ताँ[3] तमाम की

1 लाल चेहरा 2 पन्ने 3 एक पुस्तक

ना-साज़[1] है ये अन्जुमन-ए-दह्र[2] की हवा
मुतरिब[3] ने राह भूली है अपने मक़ाम की

1 उपयुक्त नहीं 2 दुनिया की सभा 3 गानेवाला, रागी

क्या अपनी अन्जुमन में सबा को मैं राह दूँ
गलियों में बू-ए-ख़ल्वत-ए-ख़ास[1] उसने आ'म की

1 अकेलेपन की ख़ास महक

इस्लाह लेने आते हैं रंगीं ख़याल लोग
ख़िदमत है इस चमन में मुझे इन्तेज़ाम की

सर टूटे मुहतसिब[1] का जो इस मयकदे[2] में आए
जाम आहनी[3], सुराही है संग-ए-रुख़ाम[4] की

1 धर्म अधिकारी 2 शराबख़ाना 3 लोहे का 4 एक पत्थर

हुज्जत[1] है बह्र-ए-मज़हब-ए-इ'श्क़[2] एक-एक दाग़
सीना मिरा किताब है इ'ल्म-ए-कलाम की

1 तर्क 2 इ'श्क़ के मजहब के लिए

अल्लाह रे फड़कना असीरान-ए-ताज़ा[1] का
सय्याद ख़ैर माँगता है अपने दाम[2] की

1 नये शिकारी 2 जेल

❁

शब-ए-फ़ुर्क़त[1] में यार-ए-जानी की
दर्द-ए-पहलू ने मेह्रबानी की
1 विरह की रात

जिसको कहते हैं चौदहवीं का चाँद
तेरी तस्वीर है जवानी की

गोश-ज़द[1] होते ही हुई दुश्मन
नींद तेरी, मिरी कहानी की
1 कान में पड़ते ही

खींचते इस ग़ज़ाल[1] की सूरत
चौकड़ी भूलती है मानी[2] की
1 हिरन, मा'शूक़ 2 एक मशहूर चित्रकार

मुझको बिठला के यार सोता है
आ'शिक़ी की कि पासबानी[1] की
1 पहरेदारी

रह गया शौक़-ए-मन्ज़िल-ए-मक़्सूद[1]
पा-ए-ख़ुफ़्ता[1] ने सर-गिरानी[3] की
1 मनचाही मन्जिल का शौक़ 2 सोते हुए पैर 3 परेशानी

मिस्ल-ए-शब्नम हूँ साफ़ दिल क़ाने'[1]
मुझको दरिया है बूँद पानी की
1 संतोषी

राहत-ए-मर्ग[1] को न पूछ 'आतिश'
न रही क़द्र ज़िन्दगानी की

1 मौत का आराम

वही चितवन[1] की ख़ूँ-ख़्वारी जो आगे[2] थी सो अब भी है
तिरी आँखों की बीमारी जो आगे थी सो अब भी है
1 निगाहों की 2 पहले

तअ'ल्लुक़ है वही ता-हाल[1] उन ज़ुल्फ़ों के सौदे[2] से
सलासिल[3] की गिरफ़्तारी जो आगे थी सो अब भी है
1 अब तक 2 दीवानगी 3 जन्जीरें

वही सर का पटकना है वही रोना है दिन भर का
वही रातों की बेदारी[1] जो आगे थी सो अब भी है
1 जागना

रिवाज-ए-इ'श्क़ के आईं[1] वही हैं, किशवर-ए-दिल[2] में
रह-ओ-रस्म-ए-वफ़ा[3] जारी जो आगे थी सो अब भी है
1 क़ानून 2 दिल की सल्तनत 3 वफ़ा करने के रस्म और रिवाज़

वही जी का जलाना है पकाना है वही दिल का
वो उसकी गर्म-बाज़ारी जो आगे थी सो अब भी है

फ़िराक़-ए-यार[1] में जिस तर्ह से मरता था मरता हूँ
वो रूह-ओ-तन[2] की बेज़ारी जो आगे थी सो अब भी है
1 महबूब की जुदाई 2 आत्मा और शरीर

ऐ सनम जिसने तुझे चाँद सी सूरत दी है
उसी अल्लाह ने मुझको भी मोहब्बत दी है

तेग़ बे-आब[1] है नै[2] बाज़ू-ए-क़ातिल कमज़ोर
कुछ गिराँ-जानी[3] है कुछ मौत ने फ़ुर्सत दी है

1 बिना धार 2 ना ही 3 जान की सख़्ती

इस क़दर किसलिए ये जंग-ओ-जदल[1] ऐ गर्दूं[2]
न निशाँ[3] मुझको दिया है न तो नौबत[4] दी है

1 लड़ाई झगड़ा 2 आस्मान 3 लश्कर का झंडा 4 बाजा

साँप के काटे की लहरें हैं शब-ओ-रोज़ आतीं
काकुल-ए-यार[1] के सौदे ने अज़िय्यत[2] दी है

1 यार के बाल 2 तक्लीफ़

जिस्म को ज़ेर-ए-ज़मीं[1] भी वही पहुँचा देगा
रूह को जिसने फ़लक-सैर[2] की ताक़त दी है

1 ज़मीन के नीचे 2 आस्मान की सैर

गोश[1] पैदा किए सुनने को तिरा ज़िक्र-ए-जमाल[2]
देखने को तिरे आँखों में बसारत[3] दी है

1 कान 2 ख़ूबसूरती की चर्चा 3 दृष्टि

कमर-ए-यार के मज़्मून[1] को बाँधो 'आतिश'
ज़ुल्फ़-ए-ख़ूबाँ[2] सी रसा[3] तुमको तबीअ'त दी है

1 विषय 2 हसीनों के बाल 3 पहुँच रखने वाली

❁

कोई अच्छा नहीं होता है बुरी चालों से
लब-ए-बाम[1] आके खड़े हो न खुले बालों से

1 छत पर

रोज-ओ-शब[1] किसलिए रहता हूँ इलाही बेताब[2]
न तो गोरों से मोहब्बत न मुझे कालों से

1 दिन और रात 2 बेचैन

कोई कुछ इ'श्क़ का करता है बयाँ कोई कुछ
तंग आया हूँ मैं इस क़ज़िय:[1] के दल्लालों से

1 झगड़े

मस्त हाथी है तिरी चश्म-ए-सियह-मस्त ऐ यार
सफ़-ए-मिज़्गाँ[1] उसे घेरे हुए हैं भालों से

1 पलकों की टुकड़ी

रू-ए-ख़ूबाँ[1] से मिलेगा हमें बोसा[2] कि नहीं
हाल इन शक्लों का कुछ पूछिए रम्मालों[3] से

1 हसीन चेहरा 2 चुंबन 3 ज्योतिषी

दिल हसीनों के तसव्वुर[1] से बनाया ख़ाली
आइना-ख़ानों में कस्रत[2] रही तिमसालों[3] से

1 कल्पना 2 बहुत 3 सादृश्य, चित्र

उनके बोसों की तमन्ना है लबों[1] को 'आतिश'
आइने कस्ब-ए-सफ़ा[2] करते हैं जिन गालों से

1 होंठों 2 सफ़ाई हासिल करना

❁

ख़्वाहाँ[1] तिरे हर रंग में ऐ यार हमीं थे
यूसुफ़ था अगर तू तो ख़रीदार हमीं थे

1 ख़्वाहिशमन्द

बेदाद[1] की महफ़िल में सज़ावार[2] हमीं थे
तक़्सीर[3] किसी की हो गुनहगार हमीं थे

1 अत्याचार 2 लायक़ 3 ग़लती

वा'दा था हमीं से लब-ए-बाम[1] आने का होना
साए की तरह से पस-ए-दीवार[2] हमीं थे

1 छत पर 2 दीवार के पीछे

कंघी तिरी जुल्फ़ों की हमीं पर थी मुक़र्रर[1]
आईना दिखाने तुझे हर बार हमीं थे

1 नियुक्त

तू और हम ऐ दोस्त थे यक्जान[1] दो क़ालिब[2]
था ग़ैर सिवा अपने जो था यार हमीं थे

1 एक जान 2 दो बदन एक जान

इक जुम्बिश-ए-मिज़्गाँ[1] से ग़श[2] आता था हमीं को
दो नर्गिस-ए-बीमार[3] के बीमार हमीं थे

1 पलकों की कंपकंपाहट 2 बेहोश हो जाना 3 नर्गिस के फूल की तरह आँखें

जब चाहते थे लेते थे आग़ोश[1] में तुम को
मज्बूर से रह जाते थे मुख़्तार[2] हमीं थे

1 आलिंगन 2 जिसे अधिकार हो, मालिक

❁

सूरत से उसकी बेहतर सूरत नहीं है कोई
दीदार-ए-यार[1] सी भी दौलत नहीं है कोई

1 महबूब का दीदार

ये क्या समझ के कड़वे होते हैं आप हमसे
पी जाएगा किसी को शर्बत नहीं है कोई

हम क्या कहें किसी से क्या है तरीक़[1] अपना
मज़हब नहीं है कोई मिल्लत[2] नहीं है कोई

1 तरीक़ा 2 पंथ

हम शा'इरों का हल्क़ा[1] हल्क़ा है आरिफ़ों[2] का
ना-आश्ना-ए-मा'नी[3] सूरत नहीं है कोई

1 घेरा, गिरोह 2 ज्ञानी 3 जिसके मआ'नी न मा'लूम हो

दीवानों से है अपने ये क़ौल उस परी का
ख़ाकी-ओ-आतिशी[1] से निस्बत[2] नहीं है कोई

1 मिट्टी और आग से बने हुए 2 रिश्ता

मैं पाँच वक़्त सज्दा करता हूँ उस सनम को
मुझको भी ऐसी-वैसी ख़िदमत नहीं है कोई

शह्र-ए-बुताँ[1] है 'आतिश' अल्लाह को करो याद
किसको पुकारते हो हज़रत नहीं है कोई

1 मूर्तियों का शह्र, हसीनों का शह्र

❁

बाज़ार-ए-दहर[1] में तिरी मन्ज़िल कहाँ न थी
यूसुफ़ न जिसमें हो कोई ऐसी दुकाँ न थी
1 दुनिया का बाज़ार

ज़र्दी[1] ने मेरे रंग की मुझको रुला दिया
हँसवाए जो किसी को ये वो ज़ा'फ़राँ[2] न थी
1 पीलापन 2 केसर

मन्ज़िल ही दूर है जो ये पहुँची नहीं हुनूज़[1]
दम[2] लेने वाली राह में उ'म्र-ए-रवाँ[3] न थी
1 अभी तक 2 ठहरना 3 गुज़रती हुई उ'म्र

रह जाना पीछे जिस्म का जाँ से अ'जब नहीं
किस कारवाँ की गर्द[1] पस-ए-कारवाँ[2] न थी
1 धूल 2 क़ाफ़िले के पीछे

नालों[1] से एक दिन न किए गर्म गोश-ए-यार[2]
'आतिश' मगर तुम्हारे दहन[3] में ज़बाँ न थी
1 रोना 2 महबूब के कान 2 मुंह

❁

वो इत्तेहाद[1] नहीं है कि जिसमें फ़र्क़[2] पड़े
हमारी और तुम्हारी जुदाई मुश्किल है
1 मेल 2 अलगाव

फिरेंगे हम न, हज़ार[1] आप हमसे मुंह फेरें
तुम्हें है सह्ल[2] हमें बे-वफ़ाई मुश्किल है
1 चाहे कितना भी 2 आसान

जिला[1] किया करें आईन:-साज़[2] आईने
सफ़ा-ए-रुख़[3] की तुम्हारे सफ़ाई मुश्किल है
1 आईने को चमकाना 2 आईना बनाने वाले 3 चेहरे की चमक

हया[1] से यार ने बदला जो कैफ़-ए-मय[2] में रंग
यक़ीं हुआ ये हमें पारसाई[3] मुश्किल है
1 शर्म 2 नशे और मस्ती में 3 पवित्रता, गुनाह से बचना

इ'नायत[1] उसको हो बे-माँगे बोस: ऐ शह-ए-हुस्न[2]
फ़क़ीर-ए-मस्त को तेरे गदाई[3] मुश्किल है
1 दिया जाए 2 हुस्न के बादशाह 3 भीख माँगना

ख़लील[1] का इसे का'बा न जानियो 'आतिश'
ख़ुदा का घर है ये दिल तक रसाई[1] मुश्किल है
1 हजरत इब्राहीम, एक नबी 2 पहुँच

❀

इक हाल पर कभी नहीं उसको क़याम[1] है
दुनिया का कारख़ान: तिलिस्मी मक़ाम[2] है
1 ठहराव 2 जगह

हम चश्म-ए-तर[1] को सामने करते हैं अब्र[2] के
तुम हँस पड़ो तो बर्क़[3] का क़िस्सा तमाम है
1 भीगी आँखें 2 बादल 3 बिजली

बे-मा'नी है वो इ'श्क़ कि जिसमें कशिश[1] नहीं
दिलचस्प हो न हुस्न तो सूरत हराम है
1 आकर्षण

सौदाई[1] ज़ुल्फ़-ए-यार का जब से हुआ है दिल
क़ालिब[2] में मुर्ग़-ए-रूह[3] को ईज़ा-ए-दाम[4] है
1 दीवाना 2 शरीर 3 रूह का परिंदा 4 जाल की पीड़ा

ख़लख़ाल[1]-ए-पा-ए-यार[2] से आती है ये सदा
मुर्दे से लीजिए वो जो ज़िन्दा का काम है
1 पायल 2 यार के पाँव

'आतिश' बुरा न मानियो हक़-हक़ जो पूछिए
शाइ'र हैं हम दरोग़[1] हमारा कलाम है
1 झूठ

❋

दिल बहुत तंग रहा करता है
रंग बे-रंग रहा करता है

दिल मिरा पी के मोहब्बत की शराब
नश्शे में भंग रहा करता है

गुफ़्तनी[1] हाल नहीं है अपना
कुछ अ'जब ढंग रहा करता है

1 कहने लायक़

आ'लम-ए-वज्द[1] तिरे मस्तों को
बे-दफ़-ओ-चंग[2] रहा करता है

1 मस्ती का आ'लम 2 बिना ढपली और बाजा

ख़न्दक़-ए-दस्त-ए-सनम[1] से नादिम[2]
गुल-ए-औरंग[3] रहा करता है

1 महबूब की उंगलियों के मेंहदी लगे पोर 2 शर्मिन्दा 3 सुंदर फूल जिसका रंग सुर्ख़ होता है

बन्दिश-ए-चुस्त[1] से तेरी 'आतिश'
क़ाफ़िया तंग रहा करता है

1 मिस्रे की चुस्ती

उ'न्नाब-ए-लब[1] का अपने मज़ा कुछ न पूछिए
किस दर्द की हैं आप दवा कुछ न पूछिए

1 उन्नाब जैसे लब

ख़ुश्बू से हो रहा है मुअ'त्तर[1] दिमाग़-ए-जान
चलती है किस तरफ़ की हवा कुछ न पूछिए

1 ख़ुश्बूदार

क्या क्या निगह फिसलती है रुख़्सार-ए-यार[1] पर
कैसा ये आइना है सफ़ा कुछ न पूछिए

1 महबूब का गाल

जामे से बाहर[1] अपने जो हूँ मैं अ'जब नहीं
खोले हैं किसके बन्द-ए-क़बा[2] कुछ न पूछिए

1 आपे से बाहर 2 लिबास की डोरियाँ

आईन: लेके कीजिए अपना मुशाहिदा[1]
हमसे सुलूक-ए-शर्म-ओ-हया[2] कुछ न पूछिए

1 अवलोकन 2 शर्म-ओ-हया का तरीक़ा, तमीज़

ना-गुफ़्तनी[1] है इ'श्क़-ए-बुताँ का मुआ'मला
हर हाल में है शुक्र-ए-ख़ुदा कुछ न पूछिए

1 न बताए जाने लायक़

'आतिश' गुनाह-ए-इ'श्क़ की ता'ज़ीर[1] क्या कहूँ
मुश्फ़िक़[2] जो कुछ है उसकी सज़ा कुछ न पूछिए

1 सज़ा 2 कृपा दृष्टि रखने वाले

ज़िन्दे वही हैं जो कि हैं तुम पर मरे हुए
बाक़ी जो हैं सो क़ब्र में मुर्दे भरे हुए

मस्त-ए-अलस्त[1] क़ुल्ज़ुम-ए-हस्ती[2] में आए हैं
मिस्ल-ए-हबाब[3] अपना पियाला भरे हुए

1 दुनिया के सबसे पहले क्षण के गवाह 2 जिन्दगी का समुंदर 3 बुलबुले की तरह

अल्लाह रे सफ़ा-ए-तन-ए-नाज़नीन-ए-यार[1]
मोती हैं कूट-कूट के गोया[2] भरे हुए

1 महबूब के नाज करने योग्य बदन की चमक 2 जैसे

दो दिन से पाँव जो नहीं दबवाए यार ने
बैठे हैं हाथ हाथ के ऊपर धरे हुए

लिक्खे गए बयाज़ों[1] में अशआ'र-ए-इन्तिख़ाब[2]
राइज[3] रहे वही कि जो सिक्के खरे हुए

1 डायरी, शाइ'री की कॉपी 2 चुने हुए शे'र 3 चलन में

'आतिश' ख़ुदा ने चाहा तो दरिया-ए-इ'श्क़ में
कूदे जो अबकी हम तो वरे से परे हुए

❁

मगर उसको फ़रेब-ए-नर्गिस-ए-मस्तान:[1] आता है
उलटती हैं सफ़ें[2] गर्दिश[3] में जब पैमान: आता है
1 मस्त आँखों से धोका देना 2 लोगों की पंक्तियाँ 3 घूमने पर

निहायत दिल को है मर्ग़ूब[1] बोसा ख़ाल-ए-मुश्कीं[2] का
दहन[3] तक अपने कब तक देखिए ये दान: आता है
1 पसंदीदा 2 महकदार तिल 3 मुंह

ख़ुशी से अपनी रुस्वाई गवारा हो नहीं सकती
गरेबाँ फाड़ता है, तंग जब दीवान: आता है

हमेशा फ़िक्र से याँ आ'शिक़ाना शे'र ढलते हैं
ज़बाँ को अपनी बस इक हुस्न का अफ़्सान:[1] आता है
1 कहानी

सबा[1] की तर्ह हर इक ग़ैरत-ए-गुल[2] से हैं लग[3] चलते
मोहब्बत है सरिश्त[4] अपनी हमें यारान: आता है
1 अच्छी हवा 2 फूल जैसा हसीन शख़्स 3 साथ-साथ 4 फ़ित्रत

जियारत[1] होगी का'बे की यही ता'बीर[2] है इसकी
कई शब से हमारे ख़्वाब में बुत-ख़ान:[3] आता है
1 देखना 2 ख़्वाब की व्याख्या 3 मंदिर

ख़ुदा का घर है बुत-ख़ाना हमारा दिल नहीं 'आतिश'
मक़ाम-ए-आश्ना[1] है याँ नहीं बेगान: आता है
1 जानी पहचानी जगह, जहाँ सिर्फ़ जानने वाले आते हैं

जाँ-बख़्श लब[1] के इ'श्क़ में ईज़ा[2] उठाइए
बीमार होके नाज़-ए-मसीहा[3] उठाइए
1 ज़िन्दगी देने वाले होंठ 2 तक्लीफ़ 3 मसीहा के नखरे

क़ुदसी[1] निगाह-ए-लुत्फ़[2] के उम्मीदवार हैं
आँखें तो सू-ए-आ'लम-ए-बाला[3] उठाइए
1 फ़रिश्ते 2 मोहब्बत की निगाह 3 दूसरी दुनिया की तरफ़

अबकी बहार में जो हमें ले चले जुनूँ
चुन-चुन के दाग़-ए-लाल:-ए-सहरा[1] उठाइए
1 रेगिस्तान के फूलों के निशान, ज़ख़्म

सख़्ती-ए-राह[1] खींचिए मन्ज़िल के शौक़ में
आराम की तलाश में ईज़ा[2] उठाइए
1 रस्ते की कठिनाई 2 तक्लीफ़

फ़स्ल-ए-बहार[1] आई पियो सूफ़ियो शराब
बस हो चुकी नमाज़ मुसल्ला उठाइए
1 बहार का मौसम

जाम-ए-शराब-ए-नाब[1] है साक़ी लिए खड़ा
गर्दन तो मिस्ल-ए-गर्दन-ए-मीना[2] उठाइए
1 ख़ालिस शराब का जाम 2 सुराही की गर्दन की तरह

जोश-ए-जुनूँ[1] में देखिए पीछे न मुड़ के फिर
मुंह जिस तरफ़ को सूरत-ए-दरिया[2] उठाइए
1 दीवानगी के जोश में 2 नदी की तरह

दहन[1] पर हैं उनके गुमाँ[2] कैसे-कैसे
कलाम आते हैं दर्मियाँ[3] कैसे-कैसे

1 ज़बाँ 2 भ्रम 3 बीच में

ज़मीन-ए-चमन[1] गुल खिलाती है क्या-क्या
बदलता है रंग आस्माँ कैसे-कैसे

1 बाग़ की ज़मीन

बहार आई है नश्शे में झूमते हैं
मुरीदान-ए-पीर-ए-मुग़ाँ[1] कैसे-कैसे

1 साक़ी के अनुयायी यानी शराबी पहुँचे हुए, संत के शिष्य

अ'जब क्या छुटा रूह से जामा-ए-तन[1]
लुटे राह में कारवाँ[2] कैसे-कैसे

1 जिस्म का लिबास 2 क़ाफ़िले

तप-ए-हिज्र[1] की काहिशों ने किए हैं
जुदा पोस्त[2] से उस्तुख़्वाँ[3] कैसे-कैसे

1 जुदाई का बुख़ार 2 गोश्त 3 हड्डियाँ

न गोर-ए-सिकन्दर[1] न है क़ब्र-ए-दारा[2]
मिटे नामियों के निशाँ कैसे-कैसे

1 सिकन्दर की क़ब्र 2 एक बादशाह की क़ब्र

करे जिस क़दर शुक्र-ए-ने'मत[1] वो कम है
मज़े लूटती है ज़बाँ कैसे-कैसे

1 ने'मतों का धन्यवाद

❀

हवा-ए-दौर-ए-मय-ए-खुश-गवार[1] राह में है
ख़िज़ाँ[2] चमन से है जाती बहार राह में है
1 ख़ुश करने वाली शराब के दौर की हवा 2 पतझड़

शबाब[1] तक नहीं पहुँचा है आ'लम-ए-तिफ़्ली[2]
हुनूज़[3] हुस्न-ए-जवानी-ए-यार[4] राह में है
1 जवानी 2 बचपन का आ'लम 3 अभी तक 4 महबूब की जवानी की सुंदरता

अ'दम[1] के कूच[2] की लाज़िम[3] है फ़िक्र हस्ती[4] में
न कोई शह्र न कोई दयार[5] राह में है
1 अनस्तित्व 2 जाने की 3 ज़रूरी 4 ज़िन्दगी 5 इ'लाक़ा

सफ़र है शर्त मुसाफ़िर-नवाज़[1] बहुतेरे
हज़ार-हा[2] शजर-ए-साय:-दार[3] राह में है
1 मुसाफ़िरों को शरण देने वाला 2 हज़ारों 3 छायादार पेड़

तरीक़-ए-इ'श्क़[1] में ऐ दिल अ'सा-ए-आह[2] है शर्त
कहीं चढ़ाव किसी जा[3] उतार राह में है
1 इ'श्क़ के तरीक़े में 2 आहों की छड़ी 3 जगह

न जाएँ आप अभी दोपहर है गर्मी की
बहुत सी गर्द बहुत सा ग़ुबार राह में है

तलाश-ए-यार में क्या ढूँडिए किसी का साथ
हमारा साय:[1] हमें नागवार[2] राह में है
1 परछाईं 2 ना-पसन्द

जुनूँ में ख़ाक उड़ाता है साथ-साथ अपने
शरीक[1]-ए-हाल हमारा ग़ुबार राह में है
1 साथी कोई तो दोश[1] से बार-ए-सफ़र[2] उतारेगा

कोई तो दोश[1] से बार-ए-सफ़र[2] उतारेगा
हज़ार राह-ज़न[3] उम्मीदवार राह में है
1 काँधे 2 सफ़र का सामान 3 डाकू

ना-फ़हमी[1] अपनी पर्द: है दीदार के लिए
वर्ना कोई नक़ाब नहीं यार के लिए

1 ना-समझी

क़ौल[1] अपना है ये सुब्हा-ओ-ज़ुन्नार[2] के लिए
दो फंदे हैं ये काफिर-ओ-दीं-दार[3] के लिए

1 कहना, बात 2 तस्बीह और जनेऊ 3 काफ़िर और मुस्लिम

उतनी ही है नुमूद[1] मिरे यार के लिए
शोहरा[2] है जिस क़दर मिरे अश्आर के लिए

1 प्रकट होना 2 प्रसिद्धि

दश्त-ए-अ'दम[1] से आते हैं बाग़-ए-जहाँ[2] में हम
बे-दाग़ लाला-ओ-गुल-ए-बे-ख़ार[3] के लिए

1 न होने के रेगिस्तान 2 दुनिया के बाग़ 3 लाला का फूल जिसमें दाग़ न हो और फूल जिसके साथ काँटे न हो

दो आँखें चेहरे पर नहीं तेरे फ़क़ीर के
दो ठीकरे[1] हैं भीक के दीदार के लिए

1 भिखारी का कटोरा

बैठा जो उस के साए में दीवान: हो गया
साया परी का है तिरी दीवार के लिए

आया जो देखने तिरे हुस्न-ओ-जमाल[1] को
पकड़ा गया वो इ'श्क़ के बेगार[2] के लिए

1 सौंदर्य 2 बिना मज़्दूरी काम करना

❁

रफ़्तगाँ[1] का भी ख़याल ऐ अह्ल-ए-आ'लम[2] कीजिए
आलम-ए-अर्वाह[3] से सोहबत[4] कोई दम कीजिए

1 जो दुनिया से जा चुके 2 दुनिया वाले 3 जहाँ रूहें रहती हैं 4 संगत

इ'श्क़ कहता है मुझे राम[1] उस बुत-ए-वहशी[2] को कर
हुस्न की ग़ैरत उसे समझाती है रम[3] कीजिए

1 क़ाबू में करना 2 जंगली हसीन 3 भाग जाना

रात सोहबत[1] गुल से दिन को हम-बग़ल[2] ख़ुर्शीद[3] से
रश्क अगर कीजे तो रश्क-ए-बख़्त-ए-शबनम[4] कीजिए

1 मिलन 2 आलिंगित 3 सूरज 4 ओस के भाग्य से ईर्ष्या

दीद:-ओ-दिल[1] को दिखाया चाहिए दीदार-ए-यार[2]
हुस्न के आ'लम[3] से आईनों को महरम[4] कीजिए

1 आँख और दिल 2 यार के दर्शन 3 हालत, दशा 4 राज़दार

आपकी नाज़ुक कमर पर बोझ पड़ता है बहुत
बढ़ चले हैं हद से गेसू कुछ इन्हें कम कीजिए

उठ गई हैं सामने से कैसी-कैसी सूरतें
रोइए किसके लिए किस-किस का मातम कीजिए

आइने को रू-ब-रू[1] आने न दीजे यार के
शाने[2] से 'आतिश' मिज़ाज-ए-ज़ुल्फ़[3] बरहम[4] कीजिए

1 आमने-सामने 2 कंधा 3 बालों का मिज़ाज 4 परेशान करना

❁

ऐ जुनूँ होते हैं सहरा[1] पर उतारे शह्र से
फ़स्ल-ए-गुल[2] आई कि दीवाने सिधारे शह्र से

1 जंगल, रेगिस्तान 2 बहार का मौसम

जोश-ए-वहशत में जो ली ज़िन्दाँ[1] से मैंने राह-ए-दश्त[2]
कूद-काँ[3] मुझको ख़ुदा-हाफ़िज़ पुकारे शह्र से

1 क़ैदख़ाना 2 जंगल की राह 3 बच्चे

पाँव में मज्नूँ के तो ताक़त नहीं ऐ कूदको[1]
मौसम-ए-गुल[2] की हवा तुमको उभारे शह्र से

1 बच्चे 2 बहार

इक नज़र लिल्लाह[1] हमको सूरत-ए-ज़ेबा[2] दिखाओ
तिश्नः-ए-दीदार[3] जाते हैं तुम्हारे शह्र से

1 ख़ुदा के लिए 2 हसीन सूरत 3 दीदार के प्यासे

दश्त-गर्दी[1] की नहीं दीवाने को कुछ एहतियाज[2]
जामे से बाहर[3] जो है बाहर है सारे शह्र से

1 जंगल में घूमने की 2 ज़रूरत 3 मुहावरा यानी आपे से बाहर होना

चोट सी लगती है दिल जंगल से होता है उचाट
संग-ए-तिफ़्लाँ[1] करते हैं मुझको इशारे शह्र से

1 बच्चों के पत्थर

अब तो आज़ुर्दा[1] है तू लेकिन मलेगा हाथ फिर
जिस घड़ी 'आतिश' निकल जावेगा प्यारे शह्र से

1 नाराज़

❁

मुतफ़र्रिक़ात

दर्द सर में जो हुआ वाँ तो बदन याँ टूटा
तप[1] चढ़ी मुझको अगर यार का चेहरा उतरा

1 बुख़ार

❁

यार के दिल में कदूरत[1] आई है मिलती तो मैं
दो घड़ी दिल खोल कर रोने की फ़ुर्सत माँगता

1 मैल, गन्दगी

❁

ऐ फ़लक[1] कुछ तो असर हुस्न-ए-अ'मल[2] में होता
शीश:[3] इक रात तो क़ाज़ी[4] की बग़ल में होता

1 आकाश 2 अच्छे कामों में 3 जाम 4 धर्मगुरू

❁

फ़ुर्सत इक दम अहद-ए-तिफ़्ली[1] में न रोने से मिली
पर्वरिश[2] पाया हुआ हूँ दामन-ए-सैलाब[3] का

1 बचपन के ज़माने 2 पाला हुआ 3 बाढ़

❁

लतीफ़ जाँ[1] से हर इक उज़्व-ए-तन[2] नज़र आया
गुज़र के दिल से मिरे वो बदन नज़र आया

1 आत्मा से भी सूक्ष्म 2 बदन का हिस्सा

❁

कुछ न हासिल होए कैसी ही मशक़्क़त[1] कीजिए
इ'श्क़-बाज़ी काम है बेगार[2] के मज़दूर का

1 मेहनत 2 बिना मज़्दूरी के काम करना

❁

वहशत-ए-दिल[1] ने किया है वो बयाबाँ[2] पैदा
सैकड़ों कोस नहीं सूरत-ए-इन्साँ पैदा

1 दिल की दीवानगी 2 जंगल, वीराना

❀

दो ने'मतें ये मेरी हैं मैं हूँ फ़क़ीर-ए-मस्त
इक नान-ए-ख़ुश्क[1] एक पियाला शराब का

1 ख़ुश्क रोटी

❀

है सज़ावार[1] अह्ल-ए-दौलत से फ़क़ीरों का ग़ुरूर
हाथ को जो खींच लेगा पाँव को फैलाएगा

1 लायक़

❀

कौन छीने बुत को, तोड़े बरहमन के दिल को कौन
ईंट की ख़ातिर कोई काफ़िर ही मस्जिद ढाएगा

❀

कहाँ-कहाँ तुझे ढूँडा बदल के भेस ऐ दोस्त
जो शेख़ का'बे में तो दैर[1] में बरहमन था

1 मंदिर

❀

ले गई वहशत-ए-दिल[1] गोर-ए-ग़रीबाँ[2] की तरफ़
हमने यारान-ए-गुज़िश्ता[3] का भी घर देख लिया

1 दिल की दीवानगी 2 क़ब्रिस्तान 3 गुज़रे हुए दोस्तों

❀

सैर बुत-ख़ाने[1] की जब तक कि न की थी हमने
कारख़ाना ही न था शान-ए-ख़ुदा[2] का देखा

1 मंदिर की तरफ़ जाना, घूमना 2 ख़ुदा की महिमा

❁

ज़ुल्म से अपने पशेमाँ[1] वो सितमगर[2] हो गया
दिल हमारा सब्र[3] करते-करते पत्थर हो गया

1 शर्मिन्दा 2 अत्याचारी 3 संतोष

❁

मुश्ताक़[1] इस क़दर हूँ ख़ुदा के हुज़ूर का
सज्दा करूँ जो बुत भी मिले संग-ए-तूर[2] का

1 चाहने वाला 2 तूर पहाड़ का पत्थर

❁

सहरा-ए-मुग़ीलाँ[1] का मगर मर्हला आया
फूटी हुई क़िस्मत को लिए आब्ला[2] आया

1 काँटे का रेगिस्तान 2 छाला

❁

दुनिया में आ के जी नहीं जाने को चाहता
दिल-नक़्श हर दुकान है बाज़ार दिल-फ़रेब[1]

1 दिल को लुभाने वाला

❁

बंधती हैं यार टिकटिकियाँ अब तिरी तरफ़
आते हैं देखने तुझे नज़्ज़ार-ए-आफ़्ताब[1]

1 सूरज को देखने वाले

❁

ऐसा खरा है सिक्क: तिरे दाग़-ए-इ'श्क़ का
खोटा है जिसके सामने दीनार-ए-आफ़्ताब[1]

1 आफ़्ताब का सिक्का

❀

सामना उस आतिशीं रुख़्सार[1] का अंधेर है
हम कहे रखते हैं आगे इख़्तियार-ए-आफ़्ताब

1 दहकता हुआ गाल

❀

पर्छावाँ उनका आ'शिक़-ओ-मा'शूक़ पर पड़े
बरसों रहा मुआ'मला-ए-रूह-ओ-तन-दुरुस्त

❀

उस बला-ए-जाँ से 'आतिश' देखिए क्यों-कर बने
दिल सिवा[1] शीशे से नाज़ुक, दिल से नाज़ुक ख़ू-ए-दोस्त[2]

1 ज़ियादा 2 दोस्त की आ'दत

❀

बाग़-ए-जहाँ में क्या कहूँ क्या हाल है मिरा
सूखी हुई हो जैसे दरख़्त-ए-कुहन[1] की शाख़[2]

1 पुराना दरख़्त 2 डाली

❀

वस्ल[1] में हिज्र[2] का धड़का जो लगा रहता है
शाम से फिरती है आँखों में मिरी सूरत-ए-सुब्ह

1 मिलना 2 जुदाई

❀

न तिफ़्ल[1] बन, न दिला महव-ए-हुस्न-ए-सूरत[2] हो
खिलौने मिट्टी के करते हैं बे-शुऊ'र[3] पसन्द

1 बच्चा 2 सूरत के हुस्न में खोना 3 जिन्हें ढंग तमीज़ नहीं

❁

फोड़ना तेशे[1] से अपना सर न था ऐ कोह-कन[2]
छीनना शीरीं को था परवेज़ का सर तोड़ कर

1 कुदाल 2 पत्थर तोड़ने वाला फ़र्हाद

❁

दोनों हाथों की तिरे यार करूँ क्या ता'रीफ़
बायाँ दहने से तो फिर बाएँ से दहना बेहतर

❁

नमाज़ी को शराब उसने पिलाई जा के मस्जिद में
कलीसा[1] में गया तो बुत[2] को दे पटका बरहमन पर

1 गिरजाघर 2 मूर्ति

❁

रंग तेरा और मेरा देख कर हैराँ हुए
नक़्श-बन्दान-ए-ख़िज़ान-ओ-नक़्श[1]-बन्दान-ए-बहार[2]

1 पतझड़ की तस्वीर बनाने वाले 2 बहार की तस्वीर बनाने वाले

❁

जान ताज़ा आती है आते ही तेरे बाग़ में
जाते ही तेरे निकल सी जाती है जान-ए-बहार

❁

उस्तुख़्वाँ[1] ख़ाक[2] हुए ख़ाक भी बर्बाद हुई
साफ़[3] होता नहीं इस पर भी वो सफ़्फ़ाक[4] हुनूज़

1 हड्डियाँ 2 मिट्टी 3 नाराजी दूर करना 4 निर्मम, निर्दयी

❀

कूचः-ए-यार[1] में साए की तरह रहता हूँ
दर[2] के नज़्दीक कभी हूँ कभी दीवार के पास

1 यार की गली 2 दरवाज़ा

❀

ऐ ख़ाक-ए-आतिश अपना जो मन्जूर हो फ़रोग़[1]
चढ़ चाक पर कुम्हार के तू, और बन चराग़

1 बढ़ावा, उन्नति

❀

नहाने को लगा जाने जो वो महबूब दरिया में
अ'रीज़ों की जगह बहने लगे मक्तूब[1] दरिया में

1 ख़त

❀

बदन सा शहर नहीं दिल सा बादशाह नहीं
हवास-ए-ख़म्सः[1] से बेहतर कोई सिपाह[2] नहीं

1 पाँचों इन्द्रियाँ 2 लश्कर

❀

कौन सी शब को वो बुत रहता नहीं आग़ोश[1] में
शामिल-ए-हाल अपने कब फ़ज़्ल-ए-ख़ुदा[2] होता नहीं

1 आलिंगन 2 ईश्वर की कृपा

❀

गहे[1] बुत-ख़ाना[2] पूजा गह किया तौफ़-ए-हरम[3] हमने
उड़ाई तेरी ख़ातिर ख़ाक किन-किन रह-गुज़ारों में

1 कभी 2 मंदिर 3 काबे की परिक्रमा

❀

मैं उस गुलशन का बुलबुल हूँ बहार आने नहीं पाती
कि सय्याद[1] आन कर मेरा गुलिस्ताँ[2] मोल लेते हैं

1 शिकारी 2 बाग़

❀

ध्यान आया है जो उस ख़ुर्शीद-रू[1] का ख़्वाब में
तर हुआ हूँ मैं पसीने से शब-ए-महताब[2] में

1 सूरज जैसा चेहरा 2 चाँदनी रात

❀

तेरा नियाज़मन्द जो ऐ नाज़नीं नहीं
दोनों जहाँ में उसका ठिकाना कहीं नहीं

❀

पहना के तुझको देखते ऐ जामा-ज़ेब[1], हैफ़[2]
कलियाँ क़बा-ए-गुल में नहीं आस्तीं नहीं

1 जिस पर कपड़े फबते हैं 2 अफ़्सोस

❀

जहाँ के कारख़ाने में नहीं मद्द-ए-नज़र तुझ सा
लगे हैं पर्दा-हाए चश्म-ए-आ'शिक़[1] तेरे एवाँ[2] में

1 आ'शिक़ों की आँखों के पर्दे 2 महल

❀

फ़ुजूँ[1] का'बे से भी सज्दा-तलब[2] मेहराब-ए-अब्रू[3] है
झुकानी पड़ती है गर्दन नमाज़ी बे-नमाज़ी को

1 ज़ियादा 2 सज्दा किए जाने वाली 3 भौंह का कंगूरा

❁

हुस्न-ए-बे-पर्दा का आ'लम जल्वः-गर पाता हूँ मैं
दम फड़क जाता है उर्यां[1] देख कर तल्वार को

1 नंगा

❁

रू-ए-रौशन से मुशाबा[1] है निहायत आफ़्ताब
धूप में बिठलाएगा मुझ तिश्नः-ए-दीदार[2] को

1 मिलता है 2 दीदार का प्यासा

❁

गोर[1] पर भी आस्माँ उस गुल[2] को लाएगा नहीं
ख़ूँ-बहा[3] देते कभी देखा नहीं क़स्साब[4] को

1 क़ब्र 2 फूल 3 क़त्ल का हर्जाना 4 क़साई

❁

कमाल-ए-शोहरः-ए-हुस्न-ए-हबीब[1] सुनता हूँ
ढला हुआ कोई मज़्मून-ए-आब-दार[2] न हो

1 महबूब के हुस्न की शोहरत का कमाल 2 चमकदार विषय

❁

ब-रंग-ए-सायः[1] गुज़र शाहराह-ए-हस्ती[2] से
किसी के दोश का 'आतिश' जनाज़ः बार[3] न हो

1 साए की तरह 2 ज़िन्दगी का रास्ता 3 बोझ

❁

जो रोए हाल पर अपने वो क्या किसी को हँसे
वो दिल दुखाए किसी का जो दर्दमन्द न हो

❀

कुन्ज-ए-तन्हाई[1] में मैंने ज़िन्दगी की है बसर
गोर[2] भी मेरी किसी के गोर में शामिल न हो

1 तन्हाई के कोने में 2 क़ब्र

❀

ख़ूँ हुआ जाता है दिल क्या दीदः-ए-तर[1] ख़ुश्क[2] हो
रोज़ टाँके टूटते हैं ज़ख़्म क्यों-कर ख़ुश्क हो

1 भीगी आँखों 2 सूखा

❀

दूर से का'बः-ए-दिलबर को खड़ा तकता हूँ
न तो दीवार का तकिया न तो दर[1] का पहलू

1 दरवाज़ा

❀

लिपट कर यार से चूमा निहायत रू-ए-रंगीं[1] को
चमन में तोड़ते देखा जो मैंने फूल गुल-चीं[2] को

1 ख़ूबसूरत चेहरा 2 माली

❀

हस्ती[1] में याद आए न क्यों-कर अ'दम[2] मुझे
वो आदमी नहीं जिसे हुब्बुल-वतन[3] न हो

1 होने में 2 न होना 3 देश से मोहब्बत

❀

फूट बहने दो इन्हें यार के आगे 'आतिश'
दिल का अहवाल[1] भी आँखों को बयाँ करने दो

1 हालात

❁

नाक़ूस[1] में से आई सदा[2]-ए-हुवल-ग़फ़ूर[3]
हम बुत-कदे[4] गए जो ख़ुदा से डरे हुए

1 शंख 2 आवाज़ 3 वो मुआ'फ़ करने वाला है 4 मंदिर

❁

आया जो देखने तिरे हुस्न-ओ-जमाल[1] को
पकड़ा गया वो इ'श्क़ की बेगार[2] के लिए

1 सौंदर्य 2 बिना मज़्दूरी के काम करना

❁

मुश्किल हुई है रूह से क़ालिब[1] की जुदाई
छुटती ही नहीं लिपटी है गर्द-ए-सफ़र[2] ऐसी

1 शरीर 2 सफ़र की धूल

❁

क्यों-कर न मिरा शे'र हो आ'लम के ज़बाँ-ज़द
मश्हूर बहुत होती है झूटी ख़बर ऐसी

❁

ग़ुस्ल[1] कर ले यहीं दरिया में नहाने को न जा
मछलियाँ लिपटेंगी ऐ यार तिरे बाज़ू से

1 नहाना

❁

इस बयाबाँ में पियादा[1] मुझे लाई है क़ज़ा[2]
शहसवारों[3] की जहाँ गर्द न पैदा होवे

1 पैदल चलना 2 मौत 3 घुड़सवारों

❀

वो महबूब-ए-जहाँ है तू हवा ने तेरे कूचे[1] की
छुड़ाया शेख़ से का'बे को राहिब[2] से कलीसा[3] को

1 गली 2 ईसाई पादरी 3 गिरजाघर

❀

मन्ज़िल-ए-मक़्सूद का सौदा है अपने सर के साथ
गर्द-ए-रह की तर्ह लिपटे जाते हैं रहबर[2] के साथ

1 पथ प्रदर्शक

❀

ख़ुदा याद आ गया मुझको बुतों[1] की बेनियाज़ी[2] से
मिला बाम-ए-हक़ीक़त[3] ज़ीना-ए-इ'श्क़-ए-मजाज़ी[4] से

1 मूर्तियों 2 निर्लिप्तता 3 सत्य की छत 4 दुनियावी इ'श्क़ की सीढ़ी

❀

ले के दिल को चार बोसों[1] पर दिया इक यार ने
हमने ये समझा रुपय के हाथ चार आने लगे

1 चुंबन

❀

फ़िल-हक़ीक़त तू है ऐ दिलबर सज़ावार[1]-ए-सुजूद
कोई दिखलाई नहीं देता तिरा सानी[2] मुझे

1 सज्दे के लायक़ 2 तेरे जैसा

❀

सहरा[1] से ले चला है हमें शह्र की तरफ़
गुम हो गई है अक़्ल जुनूँ से मुशीर[2] की

1 जंगल, रेगिस्तान 2 सलाहकार

❀

आपकी नाज़ुक-कमर[1] पर बोझ पड़ता है बहुत
बढ़ चले हैं हद से गेसू[2] कुछ इन्हें कम कीजिए

1 कोमल कमर वाला मा'शूक़ 2 बाल

❀

उठाऊँ किसलिए एहसान-ए-यार गर्दन पर
मिरा तो उसके तग़ाफ़ुल[1] से काम होता है

1 उपेक्षा

❀

क्या निफ़ाक़-अन्गेज़[1] चलती है ज़माने में हवा
सैकड़ों मज्मूआ'-ए-सोहबत[2] परेशाँ[3] हो गए

1 मक्कारी भरी 2 मिलन में डूबे हुए 3 जुदा हो गए

❀

दूर हूँ यक्जाई[1] पर भी सूरत-ए-फ़ानूस-ओ-शम्अ'[2]
है बग़ल में यार पर ख़ाली मिरा आग़ोश है

1 एक जगह होना 2 शम्अ' और फ़ानूस की दूरी की तरह

❀

हर शब शब-ए-बरात है हर रोज़ रोज़-ए-ईद
सोता हूँ हाथ गर्दन-ए-मीना[1] में डाल कर

1 शराब की सुराही की गर्दन

❀

कुफ़्र-ओ-इस्लाम की कुछ क़द्र नहीं ऐ 'आतिश'
शैख़[1] हो या कि बरहमन हो पर इन्साँ होवे

1 धर्म गुरू

❁

पूजना बुत का नमाज़-ए-ज़ाहिद-ए-सालूस है
ना'रा-ए-अल्लाहु अक्बर[1] ना'रा-ए-नाक़ूस[2] है

1 अल्लाहू अक्बर की आवाज़ 2 शंख की आवाज़

❁

करता है वो सफ़्फ़ाक[1] ख़त-ए-शौक़[2] के पुर्ज़े[3]
मेंहदी मिली जाती है कबूतर के लहू से

1 निर्दयी 2 प्रेम-पत्र 3 टुकड़े

❁

बे-वफ़ाई का अगर ऐ'ब न होता तुममें
ऐ बुतो सज्दा ख़ुदा को न मुसलमाँ करते

❁

ख़ाली ज़माने को न समझ हुस्न-ओ-इ'श्क़ से
पर्वान: और शम्अ' हुनूज़ अन्जुमन[1] में है

1 महफ़िल

❁

BOOKS

रेख़्ता बुक्स के प्रकाशन

देवनागरी

1. क़श्क़ा खींचा दैर में बैठा	फ़रहत एहसास
2. अब मैं अक्सर मैं नहीं रहता	अनवर शुऊ'र
3. मौसम इतना सर्द नहीं था	ज़ुल्फ़िक़ार आ'दिल
4. खिड़की तो मैंने खोल ही ली	शारिक़ कैफ़ी
5. ग़ज़ल उसने छेड़ी (खंड 1,2,3,4,5,6)	संकलन: फ़रहत एहसास
6. गुलदस्ता-ए-क़व्वाली (खंड 1,2)	संकलन: सुमन मिश्र
7. सुब्ह-बख़ैर ज़िन्दगी	अमीर इमाम
8. अकेलेपन की इन्तिहा	जमाल एहसानी
9. सभी रंग तुम्हारे निकले	सालिम सलीम
10. तिरी सदा का इन्तिज़ार	ख़लीलुर्रहमान आ'ज़मी
11. इक शाम तुम्हारे हिस्से की	काशिफ़ ग़ाइर
12. रौशनी जारी करो	मनीष शुक्ला
13. लिफ़ाफ़े में रौशनी	मोहम्मद अ'ल्वी
14. होशियारी दिल-ए-नादान बहुत करता है	इ'रफ़ान सिद्दीक़ी
15. मिट्टी की सुंदरता देखो	सर्वत हुसैन
16. रेख़्ता उर्दू लर्निंग गाइड (अंग्रेज़ी, हिन्दी)	प्रो० अब्दुर रशीद
17. आख़िरी इ'श्क़ सबसे पहले किया	नो'मान शौक़
18. शाम के बा'द कुछ नहीं	शाहीन अ'ब्बास
19. गुलशन (उर्दू, देवनागरी)	मुज़्तर ख़ैराबादी
20. मोहब्बत जब नहीं होगी	आफ़्ताब हुसैन
21. किताब गुमराह कर रही है	शहराम सरमदी
22. जिस्म का बर्तन सर्द पड़ा है	अमीर हमज़ा साक़िब
23. ग़ज़ल का शोर	ज़फ़र इक़बाल
24. क़ाफ़िला-ए-नौ-बहार	संकलन: विकास शर्मा 'राज़'

25. मौजूद की निस्बत से — महेन्द्र कुमार सानी
26. दुख नए कपड़े बदल कर — शारिक़ कैफ़ी
27. लफ़्ज महफ़ूज़ कर लिए जाएँ — आ'सिम वास्ती
28. मोहब्बत करके देखो ना... — फ़रहत एहसास
29. उदासी बाल खोले सो रही है — नासिर काज़मी
30. मुझ पर मेरा साया पड़ गया — भारत भूषण पंत
31. रेख़्ता के ज़ौक़ — संकलनः फ़रहत एहसास
32. रेख़्ता के दाग़ — संकलनः फ़रहत एहसास
33. इ'श्क़ — मोई'द रशीदी
34. फिर मुझे नींद आ गई — रईस फ़रोग़
35. हिज्र की दूसरी दवा — फ़हमी बदायूनी
36. 100 शाइ'र 100 ग़ज़लें — संकलनः फ़रहत एहसास
37. उदास लोगों का होना बहुत ज़रूरी है — तर्कश प्रदीप
38. रेख़्ता के नज़ीर — संकलनः फ़रहत एहसास
39. लॉकडाउन के दौरान मौत का ज़िन्दगी-नामा — प्रज्ञा शर्मा
40. गंजे फ़रिश्ते — सआ'दत हसन मंटो
41. मौत की किताब (नॉवेल) — ख़ालिद जावेद
42. सूरजमुखी का फूल — दिलावर अ'ली आज़र
43. ख़ामुशी रास्ता निकालेगी — धीरेन्द्र सिंह फ़य्याज़
44. रेख़्ता के मोमिन — संकलनः फ़रहत एहसास
45. रेख़्ता के आतिश — संकलनः फ़रहत एहसास
46. हमसे क्या हो सका मोहब्बत में — फ़िराक़ गोरखपुरी
47. शीशा-घर में तोड़-फोड़ — संकलन: डॉ. मज़हर अहमद
48. रेख़्ता के इन्शा — संकलनः फ़रहत एहसास
49. अगर मैं शे'र न कहता — अ'ब्बास ताबिश
50. नुमाइन्दा कहानियाँ मंटो — सआ'दत हसन मंटो
51. नुमाइन्दा कहानियाँ प्रेमचंद — प्रेमचंद
52. नुमाइन्दा कहानियाँ राजिंदर सिंह बेदी — राजिंदर सिंह बेदी
53. उलट-पुलट का रोज़नामचा — पतरस बुख़ारी
54. नुमाइन्दा कहानियाँ कृष्ण चंदर — कृष्ण चंदर

55. उर्दू की प्रसिद्ध कहानियाँ — संकलन: राहुल झा
56. रंगों की मनमानी — वसीम नादिर
57. एक दिया और एक फूल — इ'शरत आफ़रीन

उर्दू

1. औराक़-ए-ख़िज़ानी — अहमद मुश्ताक़
2. आख़िरी पहर की दस्तक — शमीम हनफ़ी
3. वाहिमा वजूद का — सालिम सलीम
4. गुलशन — मुज़्तर ख़ैराबादी
5. आख़िरी किनारे पर — मोई'द रशीदी

अंग्रेज़ी

1. दीवान-ए-ग़ालिब : सरीर-ए-ख़ामा — नजीब जंग
2. लव लॉन्गिंग लॉस इन उर्दू पोएट्री — संजीव सराफ़

संपर्क

रेख़्ता फ़ाउन्डेशन
बी-37, सेक्टर – 1
नोएडा, यू.पी. – 201301

हमारी पुस्तकें **rekhtabooks.com** और amazon पर भी उपलब्ध हैं।